让绩效落地

陈 松 ◎ 著

中华工商联合出版社

图书在版编目(CIP)数据

让绩效落地 / 陈松著. -- 北京：中华工商联合出版社，2021.10
ISBN 978-7-5158-3199-2
Ⅰ.①让… Ⅱ.①陈… Ⅲ.①企业绩效 – 企业管理
Ⅳ.①F272.5

中国版本图书馆CIP数据核字（2021）第 213682 号

让绩效落地

作　　者：	陈　松
出 品 人：	李　梁
责任编辑：	胡小英
装帧设计：	回归线视觉传达
责任审读：	李　征
责任印制：	迈致红
出版发行：	中华工商联合出版社有限责任公司
印　　刷：	北京毅峰迅捷印刷有限公司
版　　次：	2021 年 11 月第 1 版
印　　次：	2022 年 10 月第 3 次印刷
开　　本：	710mm×1000mm　1/16
字　　数：	230 千字
印　　张：	12.5
书　　号：	ISBN 978—7—5158—3199—2
定　　价：	58.00 元

服务热线：010—58301130—0（前台）
销售热线：010—58302977（网店部）
　　　　　010—58302166（门店部）
　　　　　010—58302837（馆配部、新媒体部）
　　　　　010—58302813（团购部）
地址邮编：北京市西城区西环广场 A 座
　　　　　19—20 层，100044
http://www.chgslcbs.cn
投稿热线：010—58302907（总编室）
投稿邮箱：1621239583@qq.com

工商联版图书
版权所有　侵权必究

凡本社图书出现印装质量问题，请与印务部联系。
联系电话：010—58302915

自 序

这是一本非常浅显易懂的关于绩效方面的管理书。

说到管理，我们需要先明确几个概念性的问题。

首先，管理是一门严谨的科学吗？

1+1=2，这是科学告诉我们的答案，可是放在管理上，我们追求的永远是 1+1 > 2。企业在制定本年度经营目标的时候往往要比上年度提高 10% 或 20%，当然也有公司把目标提高 2 倍或 3 倍。那么问题来了，为什么不是 9.98% 或是 2.13 倍呢？这里面是有什么玄机吗？其实不然，只不过从这个角度上恰好说明了管理算不上是一门非常严谨的科学。

其次，管理是艺术吗？

管理算不上一门严谨的科学，也算不上是一门艺术，管理的重点并不在于采取什么方式，关键在于结果，也就是我们经常讲的绩效。

IBM 是美国的一家有着一百多年历史的著名公司，是世界上经营最好、管理最成功的公司之一。过去的 IBM 销售人员，一律着深蓝色的西装，以代表公司形象，所以有"蓝色巨人"的称号。这家公司的员工办公秩序井然有序，员工所使用的电脑、抽屉和文件务必要遵守公司相关规定，会见客户时必须穿着商务正装，平时在请示、汇报等方面公司的管理也是非常严格的。而同样被公认为是全球最大的搜索引擎公司的谷歌公司就不一样了，这家公司的员工每天有两个小时的自主时间用来做自己的事，着装方面更是自由，允许女员工穿着比基尼、带着宠物狗，躺在健身房的地上办公。这两家公司的管理方式完全不同，但这两家公司都成为世界级知名企业，成了很多企业学习的对象。

某企业有位部门负责人张三，带团队的特点是雷厉风行，强调坚决执行，不能有任何借口，团队业绩蒸蒸日上，绩效特别出色。另一个部门负责人李四，带团队的风格与张三刚好相反，完全以人为本，遇到事情都是和团队成员一起商量，团队业绩也非常出色。这两个部门的绩效都很好，我们能说谁好谁不好吗？当然不能。

如果换种情况就不一样了。张三的管理风格保持不变，但业绩持续下滑，已经连续三个多月没有完成任务了，这时我们就会觉得张三的风格太过强势，他应该更多地去激发员工的主动性，而不是一味地采取强势的管理方式。李四的管理风格也保持不变，业绩也是连续三个多月没有完成，我们又会怎么评价李四呢？大概率会说他慈不掌兵，情不立事，这样管理下去可不行，要强势一些。大家发现了吗？说什么话的都是我们。

所以，我们说管理的要点在于绩效，而不在于具体的方式，管理是无定式的。那么对于这无定式管理，管理者要怎样通过学习，进而更好地掌握和应用呢？

本书一方面系统地讲解管理的本质、管理者在执行中的角色定位，给管理者呈现完整的管理导图；另一方面将结合工作实际，通过案例分析、模板表单、思考与练习等形式向管理者们提供具体的思路、方法和工具，尽可能地运用最通俗易懂的方式将枯燥的管理知识转换为实用的管理技能，从而推动组织管理升级，更好地帮助组织跳出绩效陷阱，实现绩效落地。

最后，还要在此感谢我生命中很重要的人。

感谢我的父母在家庭十分贫穷的情况下，始终没有中断我和哥哥的学习！

感谢我的爱人官颖对我从事咨询培训工作的牺牲与支持！

感谢王冬梅女士为我提供了良好的平台与机会！

感谢杨帆老师在专业和发展上给予我的指引与帮助！

感谢这么多年来服务过的所有客户和学员给予的信任和支持，我始终相信教学相长。

陈松

2021 年于北京

目 录

第1章 小心你身边的绩效陷阱

陷阱一：KPI 是"背锅侠" / 2

陷阱二：OKR 是 KPI 的替代品 / 6

陷阱三：执行力是万恶之源 / 9

用系统的力量跳出绩效陷阱 / 13

第2章 秩序是头等大事

决和策是两件事 / 18

目标管理这样做 / 21

协同性计划才是重点 / 33

为下属服务 / 51

不能没有调控 / 62

绩效评价要怎么做 / 68

持续改进构建良性循环 / 88

第3章　没有行动都是零

事和人哪个更让人头疼 / 92

影响员工行动的四大要素 / 95

意愿是行动开关 / 100

特质决定了效能空间 / 109

能力是行动的弹药 / 120

状态决定了效能产出值 / 141

第4章　匹配才是关键

事和人的匹配才是关键 / 148

同化：来自组织文化的力量 / 164

教化：来自非职权影响的力量 / 173

进化：来自组织发展的力量 / 183

第1章
小心你身边的绩效陷阱

　　组织进行管理的终极目的就是实现决策层制定的相关战略目标。因此，战略目标的实现过程就是执行的过程，这个过程被称之为管理，通过强有力的执行而成功实现结果，我们称之为绩效落地。在绩效落地的过程中，各级管理者作为承接决策层与执行层的关键，往往决定着绩效落地的最终结果。

　　各组织的领导者、管理者如果对管理以及绩效的理解上出现了偏差，那么就不是绩效落地，而是要落在绩效陷阱里了。在新的时期，很多组织的领导者都明白有了绩效管理的制度和手段，并不意味着一定会产生预期的绩效结果，在企业推行绩效的过程中，在经意与不经意间，都有可能落入到绩效的三大陷阱里，接下来，让我们一起来发现这些陷阱。

陷阱一：KPI是"背锅侠"

目前，企业的绩效考核实施效果都不是很理想，这时，企业的决策层和管理者，以及一些貌似专家的学者不去反思绩效背后的真相，反而让KPI（Key Performance Indicator，即关键绩效指标）来"背锅"。

先有索尼前常务董事天外伺郎在《绩效主义毁了索尼》一文中力述KPI的弊端，并把索尼的衰落归结为KPI导向的管理手段压抑了员工的创新和工作积极性，失去了工匠精神，成为KPI数字的奴隶。再有通用汽车前副总裁鲍勃·卢茨现身说法，在《绩效致死：通用汽车的破产启示》一书中指出企业高管们片面注重数字分析的恶果。

美、日等国的企业家们对KPI评价如此，国内的企业家也没有停止过对KPI的讨伐。比如2016年的魏则西事件引起了全社会的高度关注，直接把百度送到了风口浪尖上。2016年5月10日上午，百度公司创始人、董事长兼首席执行官李彦宏面向全员发出以《勿忘初心，不负梦想》为题的内部邮件，在邮件中他写道："我更多地会听到不同部门为了KPI分配而争吵不休，会看到一些高级工程师在平衡商业利益和用户体验之间纠结甚至妥协……因为从管理层到员工对短期KPI的追逐，我们的价值观被挤压变形了，业绩增长凌驾于用户体验，简单经营替代了简单可依赖，我们与用户渐行渐远，我们与创业初期坚守的使命和价值观渐行渐远。"

在这之前KPI的地位如何呢？自2000年开始，国内众多企业在一些如华为、海尔等知名企业的带动下，纷纷引入BSC（Balanced Score Card，即平衡记分卡）、KPI等绩效管理工具。到2008年前后，如果哪个企业没有推行KPI那么就是管理落后；如果哪个管理者没听说过KPI，那么就基本上等同于没有现代管理理念。不仅如此，很多人力资源主管也成了KPI革命的推手。管理咨询及培训界更是涌现出一批主讲KPI绩效管理的"大神级"讲师。

东北某药企就是在这样的背景下轰轰烈烈地在企业内部推广了KPI考核体系。为把战略目标分解到每个员工身上，实现"千斤重担万人挑，人人头上有指标"，该公司结合BSC，分别把财务、客户、内部运营和学习成长这四大类都进行了KPI指标细化。在经过一个月的各种宣讲会、培训会和指标分解会后，成功地将公司级目标自上而下进行了细致分解，做到从各事业部到大区，再到省区，直至每个医药代表，都有了各自的年、季、月KPI考核指标，并且都签署了相应的《绩效合约》。以省区经理为例，根据公司整体目标罗列了七项核心KPI指标，它们分别是：销售额、利润率、回款率、客情维护、报表填写率、团队流失率和团队培养。上述指标的综合成绩如果低于75分，那么绩效工资基本上就没有了。

公司高层本以为一切会按计划推进，即使有差距也不会太大。可结果是，KPI体系磨合了半年后，虽然业绩达成方面有了一些提高，但是也出现了一些问题。

问题一：抱怨多于努力。医药代表向省区经理抱怨：我的工作都是按公司要求做的，国家政策现在比较紧，我有什么办法？竞品现在动作很大，公司最近要多出台相应的政策和指导，我没有解决办法，一切听从公司安排。省区向大区抱怨：大家说的也有些道理，希望公司想想办法，我这边现在暂时还能压一下，如果继续这样下去，那么业绩和团队都会出现问题。不用细说，大区经理两头受气，日子也不好过。

问题二：工作敷衍了事。KPI考核指标中要求了日常工作报表的填写和客情维护，从医药代表到省区经理几乎做得都非常好，可大区经理在核对的过程中就发现了问题，这些事下属都做了，可做的都不实，都是为了做而做，若要追究，却发现又不好追究，因为从考核指标上看，下属都应该得高分。公司领导也开始反思，是不是在指标设计上存在漏洞？

问题三：开拓创新受阻。以往，各省区每季度都会开发一些新客户或让客户体验一些新品种，可自从执行KPI体系以来，这两个指标不但没有增长，反而出现了很大地下滑。公司领导有一次在室外吸烟处听到两个省区的医药代表在一起聊天，其中一个对另一个说：最近考核指标压力大，很多事都没时间做，有个客户已经很久没去拜访了。另一个就说：哥们儿，你对考核指标是不是有什么误解？公司现在就要求我们那七个指标，你就按要求去做就可以了，多做了的部分公司也不给你加钱。

问题四：团队关系涣散。以往哪个同事有事了，总会有很多人去主动帮助。可是，KPI体系磨合半年多下来，公司领导层发现，公司的团队文化正在被稀释。比如，最近市场部要做一些学术活动，希望各省区多一些支持和帮助，可经过多次沟通后，得来的回复几乎都是最近太忙了，没时间参与，反正公司的品牌在那儿，又不是什么新公司新品种，做不做活动客户都知道公司有什么产品。领导们找员工谈心，有个老员工说出了心里话："以前没这么重的KPI考核指标，大家相互帮助相互支持，关系特别好。现在不一样了，做多错多，不做不错，与其帮别人做分外之事，还不如把时间花在完成自己的KPI上呢。"

问题五：人力资源部和财务部门成了公敌。每次考核结果出来后，人力资源部门和财务部门都会成为生产、销售和采购等部门的众矢之的，因为这些部门突然间变得锱铢必较了，同时大家也开始指责这两个部门不懂业务，抱怨KPI根本不是什么奖勤罚懒，而是在变相扣工资。公司领导层很清楚，这些话其实不是针对这两个部门说的，是说给公司领导听的。

看到了吧，成也KPI，败也KPI，KPI发展到今天，成了名副其实的"背锅侠"。那么，KPI背的是什么"锅"呢？产生上述问题的根本原因究竟是什么呢？是不应该建立考核机制吗？是国外的东西到中国"水土不服"吗？是操作的程序错了吗？还是没有解决人的问题？

企业在实现绩效的路上，会被上面这些问题所阻碍吗？不，有强烈生存欲的企业领导者一定会迎难而上，像砍甘蔗一样，用各种方式砍倒提升绩效路上的阻碍。于是，很多企业从KPI的陷阱里爬出来后又掉进了新的陷阱里。

陷阱二：OKR是KPI的替代品

几年来，上面的那家药企一直不停地尝试解决绩效问题，不停地挥刀砍倒一根根拦路的甘蔗。

2019年我去给这家企业做培训时，课间和人力资源部的一个小伙子聊天，询问他们的绩效考核实行的情况。回答很简单，集团领导现在迷上OKR（Objectives and Key Results，即目标与关键成果法）了，下个月就要用OKR代替KPI进行绩效考核了，先在销售公司推行。我追问了一句，是用OKR代替KPI考核吗？对方非常肯定地回答说是。

其实，像这家药企一样的企业在中国还有很多，比如小米、阿里等企业。我们先来了解一下OKR。

不论是最早的MBO，曾经的BSC和KPI，以及现在的OKR，其本质都是为了完成企业发展目标。只不过是在具体实现的过程中，关注点不同而已。1976年英特尔公司为实现从存储器到处理器的转型，希望找到一个方法能够协同各部门工作、统御工作目标，实现上下同欲，由安迪·格拉夫发明并推行了OKR，其中的O是指目标Objective，KR是指关键结果Key Results。在英特尔公司担任工程师的约翰·杜尔非常认可这种管理方式，在1999年，他成了谷歌公司的董事，便将OKR模式带到了谷歌。同时，作为美国著名的风险投资人，他也把这套方法论推广到了领英、脸书等多家企业。

那么，OKR 与 KPI 相比，两者之间最大的区别是什么呢？其中 OKR 有如下几大特点：

一、自下而上，而非自上而下

KPI 注重的是层层分解，要求下级要承担上级的目标，重视结果。而 OKR 却恰恰相反，上级只需要确定想要实现的目标就可以了，然后由下属给出与这个目标相关联的关键结果。就好像一个大家庭在春节时开家庭会议，老爸说要在今年夏天全家一起出国旅行，得到大家一致同意后，逐一询问家庭成员为实现这个目标各自都能做什么贡献。老爸老妈说我们负责养好身体，每天要锻炼身体，不给大家添乱。儿女们各自负责一块，有的说要准备多少钱的经费，有的说帮着大家研究游玩攻略……设想一下当时的场景是多么的其乐融融。没错，OKR 就是这样自下而上分解目标和关键结果的。

二、变员工被动为员工主动

在 OKR 分解过程中，大家会发现一个有趣的现象，即完成任务的人变得主动了，开始提出自己的想法了，哪怕是有些不靠谱，也没有人会去追究与批评，反而会在这个不靠谱的点子上引发出一些新创意、新点子，这一点和 KPI 完全不同。

三、全体公开和透明

当年英特尔公司在发明 OKR 时，特别考虑到了协同各部门工作、统御工作目标，实现上下同欲，这就要求这套目标管理方法不能仅供上下级人员来使用，还要让其他部门也参与进来，发表一些建设性的观点和看法，最终实现全员 OKR 共享，人人都可以看到其他人的"O"以及"KR"。有了公开和透明，相对的公平也会随之产生。企业可能运用信息化系统一定要解决全员 OKR 公开和透明的问题。

四、不能保证目标一定实现

OKR 中的"O"要有挑战性，要展示出野心和激进，这样一来，这个"O"就会让承担者产生压力或者不舒服的感觉。没错，就是这种感觉。可能有人会问，我们公司的 KPI 也会让我很有压力啊，我也很不舒服啊。这里面还是有很多不同的。KPI 中的目标如果达不成可能会产生惩罚，类似于军令状，吃不了得兜着走。OKR 中的目标是领导相信你愿意承担，愿意挑战未来世界，只要你向着目标前进了，领导是能够看在眼里记在心里的。在一个 OKR 周期里，如果满分是 100 分，那么员工分数只要在 60~70 分之间就合格了。如果有人一直得到满分，那么这不能说明他很优秀，只能是证明他的 OKR 缺少挑战性、野心和激进。如果得分在 40 分以下，这名员工也不会受到惩罚，那么在下个周期里，直接把低分项作为新的 OKR 就好了。或者，这个低分也说明我们应该换个"KR"去实现"O"。现在，我们可以发现用 OKR 这套方法不能保证目标一定实现，这也就意味着 OKR 不是绩效考核工具，而是纯正的目标管理工具，OKR 的结果不能和薪酬产生关系。

这时，很多人可能要问，如果 OKR 不是绩效考核工具，不能和薪酬挂钩，那么怎么做绩效考核呢？其实，谷歌公司有着自己的另一套考核办法，叫作 focal review（重点审查），由员工自评和他评两个部分构成，相当于大家熟悉的 360 度考评，谷歌运用 focal review 结果来影响员工相应的薪资和奖金调整。

现在，我们可以总结一下 OKR 了，与其说它是一种管理工具，不如说是一种理念。这种理念的核心是将工作重心从考核上拉回到管理上。

还记得前面那家药企为什么要推行 OKR 吗？因为他们是想用 OKR 来代替 KPI 做员工的绩效考核。现在，大家应该明白了，方向不对，努力白费。已经是"南辕北辙"了还在"快马加鞭"是多么可怕的事啊！盲目推行 OKR 只会让企业掉进更大的绩效陷阱里。

陷阱三：执行力是万恶之源

当然，也有很大一部分人将企业绩效问题归结为执行力问题。执行力这个词火爆了很多年，但凡工作做得不好，总会有人说是执行力出了问题。比如：工作效率低、令行不止、推诿扯皮、协调困难、请示多而主动少，推脱多而担责少等。简言之，执行就等于绩效。关于上面的描述，我承认没有执行确实没有绩效，但如果一切唯执行论，那我就不能认同了。因为，执行力是一个伪命题。

为什么这样说呢？因为我们所发现的执行力不强，只是一个现象，我们用大家熟悉的发烧来举例。简单地说，不论是高烧或是低烧，都是人类机体应对细菌和病毒的一种反应，发烧本身并不是什么疾病，只是症状。单纯地吃退烧药是消灭不了细菌和病毒的。不明原因的长期发烧才是医生最担心的问题，这个时候找到发烧背后的原因才是关键。

在找到背后原因之前，我们先看一下平时我们工作的逻辑是什么样的，如图1-1所示。

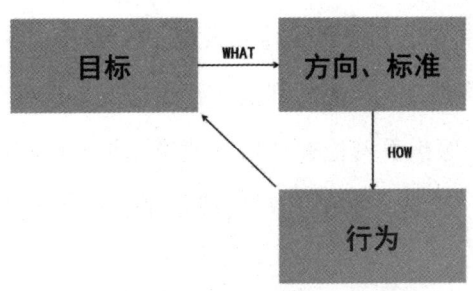

图1-1　日常工作中的目标与行为逻辑

如上图所示，我们为了让员工产生执行的行为，管理者首先会给出一个目标，然后对这个目标开始进行描述，运用SMART（Specific 具体、Measurable 可衡量、Achievable 可实现、Relevant 相关联、Time table 有时限）等各种管理工具进行量化工作目标和相关标准，这些工作，目前很多企业都能够很轻松地做到。管理者以为，我已经告诉了你目标是什么，而且有标准、有流程、有要求，员工就应该知道怎么做并且开始产生具体的执行行为了。

可事实并非如此。因为，知道并不等于做到。

这里，要先搞清楚一个问题，不论是管理者或是员工，是因为什么而去执行的呢？有人说是因为生存，不去干活就没钱，就不能生存和养活一家老小；有人说是因为上级命令，不干活就会扣工资或受到其他的惩罚；有人说是因为自己喜欢，可以实现自己的梦想；有人说是因为给面子，关系都不错，相互帮助挺好的；有人说是因为领导就像大哥，不论对错都得听；也有人说是因为责任，在这个岗位就得干这个活……我们得到的关于为什么去执行的答案会是各种各样的。每一个答案不管是对与错都会有其背后的个人考虑与道理，我们在这里不去讨论和争辩，我们需要去找到这些答案的共性。

共性是什么呢？就是不论什么原因去执行，都会在执行人身上有一种内在动力在发挥作用。为了让大家明白这一点，我们再举两个例子。

吸烟有害健康应该是众所周知的事情了，那为什么有些人就是不戒烟呢？这就是知道并不等于做到的具体表现了。那么，在我们日常生活中，有很多抽了一辈子烟的人，他们都是在什么情况下选择戒烟了呢？大部分人是在体检之后，医生看着检查结果对他说如果不戒烟的话就会产生如何如何严重的后果。于是，这个人开始戒烟了，因为他明白自己的生命更重要。

再举个例子。亲戚家里，有个上高二的大男孩，就是提不起发奋读书的劲头儿。父母很着急，各种苦口婆心地劝说，各种"威逼利诱"，可都收效甚微。可突然有一天早上，孩子妈起床后发现这孩子已经做了一套练习题了，正对着一道错题在那研究呢。孩子妈的第一反应不是惊喜而是惊吓，既不敢问也不敢说，就去喊孩子他爸，说不知道孩子怎么了，突然就转了性了。孩子他爸沉默了一会儿，对孩子妈说："我估计这孩子是谈恋爱了。"

孩子他爸说对了。这男孩向心仪已久的一位同班女"学霸"告白了。女同学对男孩说，我对你其实也挺有感觉的，可我的目标是去上海复旦学新闻专业，按现在的情况看，我们两个是不会长久的，这不是我要的爱情，你不如也考到复旦，或者你去上海其他学校也是可以的。后来的事情也就明朗了，这男孩一夜之间找到了学习的目标、方向，其实最重要的是他找到了学习的动力。

通过这两个案例，我相信大家已经明白了，促进我们能够执行且产生绩效的不是什么执行本身，也不是表面上的绩效目标，执行也好，绩效也罢，都是现象或是结果，如图1-2所示，其背后的内在动力才是关键。

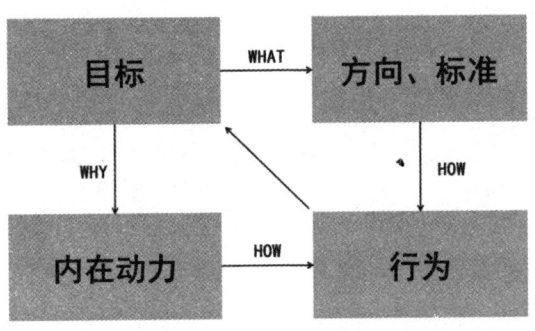

图1-2　内在动力对目标与行为的影响

我们在告知执行者或是绩效产生者目标的时候，一定要帮助他明确这样做的原因是什么，解释清楚"为什么"，这样才能建立管理者与执行层的价值连接，我们也把这种内在动力称为"价值"。只有执行者找到了执行的价值所在，才有可能产生绩效。所以，推动员工绩效产生的真正要素就是这两个字——价值。

人类的本能使人们对有价值的事物才会产生浓厚的兴趣，不管这种价值是能否看见、能否摸到，只要人们能感受到并相信价值的存在，比如成就感、得到尊重、得到回报后的欣慰、受到赏识、责任等，就会产生内在动力，反之，就会兴致索然了。

因此，价值既是带领人们向前的方向，又是推动人们努力工作的动力。这种动力有可能是为了追求快乐，也可能是为了逃避痛苦。比如一位员工要去完成一件复杂的工作任务，可能是因为他想通过完成任务来证明自己在这方面的专业性，也可能是因为不做的话会受到批评、指责，得到更多的不信任。这些都属于一个人的内在价值感。如果他不想得到认可，也并不在意什么惩罚，总之找不到完成这个任务的价值，那么，结果很可能是敷衍了事或半途而废，抑或将遇到的问题原封不动地传递给上级，成了名副其实的"二传手"。

用系统的力量跳出绩效陷阱

我们不妨再追问一句，绩效管理的核心目的又是什么呢？仅仅是用一个量化指标去衡量工作结果吗？干得好的发奖金，干不好的扣钱？其实，绩效管理的核心目的主要有两个，对企业而言是要最终实现组织战略以及目标，对员工个人而言是要激励员工业绩持续改进，这也是企业管理的核心作用。

从绩效管理的核心目的中可以发现，绩效管理涉及了战略、目标和人的因素，这绝不是单点发力的结果，而是要依靠组织系统的力量。

我们将组织内的人员简单粗略地划分为三个层次，分别是经营决策层、职能管理层和绩效实现层。经营决策层指的是我们所熟悉的组织中的高层，职能管理层一般指负有管理职责的中层或中高层管理者，绩效实现层一般指的是基层管理者和一线员工。有的观点是将基层管理层和一线员工称为执行层，这其实不够准确。因为这样一来，就会自然地忽视了职能管理层的执行使命和执行问题。将基层管理者和一线人员合并称为绩效实现层是从实际情况中得来的客观结论。在现实生活中，我们对某个酒店、超市或者是银行的感观评价如何，与这个酒店、超市和银行的一把手或领导班子是谁有多大的关系吗？消费者或是客户的感观评价很多都来自对上述这些企业一线人员和基层管理者的评价，他们的行为才是直接影响整个组织绩效的关键。

让绩效落地

在知乎上有一个关于"在小米公司工作是怎样的体验？"的问题。一位小米的员工用了很长的篇幅，图文并茂地对这个问题进行了回答，受篇幅限制，我对这位员工的回答进行了一下整理：

应届生有选择部门的权力。

《入职指引》做的精美、详细。

上下班不用打卡。

食堂厨师、服务员都是小米正式员工，食堂有公司补贴，菜价良心。

团队之间没有钩心斗角。

同事间都以同学相称。

行政妹子会在下午发下午茶，加班时候发夜宵，主动送办公用品，偷偷搜集同事祝福给过生日的员工。

下午茶每天都不一样。

每个月有30块钱读书券，20米币。

小米有个很活跃的跳蚤街和租房板块，还有未来科技馆，工作外的生活很丰富。

……

与此相对应的是，小米公司近年来大幅上涨的业绩。

1998年，一位叫门德志的企业负责人离开了红红火火的企业，受命接手了深陷危机的香河县人民医院。在门院长的带领下，经过多年努力，把一个小小的县级医院变成了河北省卫生战线的一面旗帜，成了一所患者依赖、职工自豪、同行尊重、社会满意的医院。有人私下里问医院的一名医护人员，为什么要这么努力啊？她回答道："门院长和其他院领导来得比我们早,走得比我们晚,帮我们解决孩子上学问题、住房问题,我们现在也没有什么后顾之忧,还有什么理由不努力呢?"

我们可以去发现和总结,很多成功的企业都是能够充分激发员工价值的企业,未来企业间的竞争也不仅仅是技术的竞争,更多的是员工价值的比拼。而驱动员工价值的力量就来自于企业的组织内部。

我们用下图来描述一下我们组织中不同层级人员的核心任务,如图1-3所示。

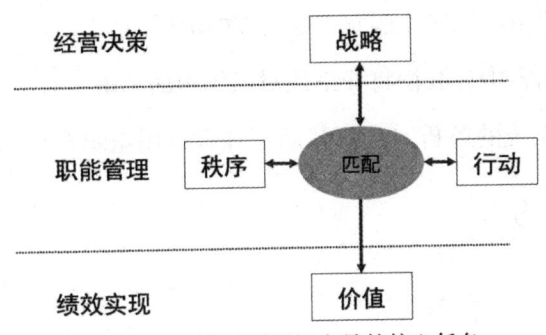

图1-3 组织中不同层级人员的核心任务

对于经营决策层而言,战略是最为关键的主题。

战略从本质上而言就是要解决两个问题。一是组织必须要发展,二是用什么样的方式来发展,决策层对未来的判断决定了组织的发展战略。世界正面临着百年未有之大变局,第四次工业革命无疑是这场变局中的一股重要力量。

到目前为止,人类历史上已经成功地进行了三次工业革命,以人工智能为核心的第四次工业革命正向我们走来。从历次的工业革命的特征来看,如果用一个字来描绘未来的社会,那么"懒"这个字会更容易让大家明白人工智能时代的典型特征,这包括在越来越快的社会节奏下,客户会越来越"懒",企业内的员工也会越来越"懒"。这方面的例子不胜枚举,这里就不赘述了。只是需要提醒企业经营决策层和职能管理层要开始思考的一个问题：当员工越来越"懒"的时候，对我们的日常管理提出了哪些挑战呢？

对于绩效实现层而言，如前所述，价值是最为关键的主题。而中间是职能管理层，职能的本质是以项目或任务为核心的组织分工，管理的本质是以组织中"事"和"人"为核心的动态匹配。在这里，我们不去探讨管理究竟是管事、理人或是管人、理事，不论是"事"还是"人"都是管理中的重要组成部分。职能管理层就是要通过对"事"和"人"的动态匹配来驱动员工的价值。当然，还有无处不在的沟通。

在后面的内容中，我们将详细地对组织中的"事"和"人"，以及"动态匹配"进行系统的解析，从而帮助管理者运用组织系统的力量跳出绩效的三大陷阱。

第2章
秩序是头等大事

　　管理者要在"事"的方面做什么呢？或者说什么才是组织日常工作管理的核心呢？《论语》中有一段齐景公与孔子的对话，齐景公问政于孔子，孔子对曰：君君、臣臣、父父、子子。国君做好国君应该做的事，大臣做好大臣应该做的事，父亲做好父亲应该做的事，孩子做好孩子应该做的事，那么，这个国家就被管理好了。

　　各个角色该干什么就干什么，各自安好便是晴天。这种各司其职、各负其责的本质就是秩序，在组织中，秩序是头等大事！

决和策是两件事

我们先来探讨一下管理者向上的秩序表现。传统的下情上达、反馈、请示等基础性工作暂且不提，先通过举例来重点关注一下那些容易被忽视的且会经常出现的问题。

我们看经营决策层中的"决策"这个词，实际上它是两个分开的字：决和策。经营决策层最重要的事情是决，而不是策，下级才是负责向上供策或是献策的。

为什么我们要在这里特别强调决和策的分离呢？结合我们日常的实际工作，下属拿着领导的策干活和拿着自己的策干活有什么区别呢？下属如果拿着领导的策干活，工作中遇到问题第一时间会怎么做？大多数会去找上级反映困难、寻求答案，很容易成为"二传手"，这个现象也是很多管理者在工作中经常遇到的现象。

那么，如果是由下属向上供策，并按自己的策去行事呢？

某商业银行的下属支行在推广 ETC 业务时采用了两种不同的方式，结果也有很大的不同。

当苑行长接到免费办理 3200 台 ETC 的营销任务后，就开始头疼，因为支行所在的区域小、任务重、居民少、单位客户也早就在第一轮办理时被各家银行"扫荡"过了，同时，还要考虑营销团队的积极性怎样调动。

面对问题，苑行长专门召开了一次关于ETC营销的特别会议。会议一开始，苑行长详细讲解了营销ETC对社会、对客户、对行里、对员工个人的意义，并真诚地希望营销团队能够集思广益，共同完成这个艰巨的任务，并公布了团队及个人ETC营销的奖励办法。

接下来，苑行长采用了促动技术中的"团队共创法"，通过确定核心目标、头脑风暴、归纳、总结、形成方案五大步骤，充分调动了营销团队的积极性与创造性，通过两个半小时的讨论，营销团队形成了9种操作性很强的营销方案，大家的热情和信心也都高涨起来。苑行长在肯定了大家的方案后，当场表态将全力支持营销团队。

理想的丰满挡不住现实的骨感。营销人员很快发现营销策略中的"路口设点"方案在执行中遇到了很大的问题，客户不仅不配合还对"拦路营销"的行为表达出强烈的不满。可"路口设点"方案是整体营销策略的主阵地，一时间营销陷入僵局。方案是自己提出来了，当时在行领导面前可是把话都放出去了，不说对行里，就是对自己也必须有个交代。于是，营销团队开始一起反复研讨，最终，营销团队将路口设置的具体位置、营销时间段、宣传方式都进行调整，还特别增加了周边情况的调研和一句话营销，最终，在解决一个又一个难题的同时，以超额23%的战绩圆满完成上级银行布置的营销任务。

可同样接到ETC营销任务的陈行长就没这么幸运了，他亲自分解营销任务，直接布置营销方案，有时直接冲到第一线，有时变身大堂经理，有时变身教官亲身做示范，陈行长心想，虽然累些，可坚持一段时间把业绩搞上去也是值得的。可到头来ETC办理量不但没上去，员工的牢骚却多起来了，积极性也下降了，天天还总是各种干不好、各种请示，陈行长有时在想，要这些人有什么用？为什么自己去解决就很顺利，反复教下属多少次，也学不会。

这就是策自下而上和自上而下的差异所在了。

从心理学的角度也可以解释这样的现象，在心理学中叫作自我服务偏差，是一种普遍的心理现象。心理学认为自我服务偏差有两面性，一方面会让个人觉得自以为是，过分强调个人的贡献，而忽略个人的不足。但另一方面，自我服务偏差可以让人们面对挫折更能坚持、敢于挑战，表现出更多的热情与更大的积极性，从而帮助人们取得更多的成就和进步，同时，还能够帮助人们缓解压力和焦虑。

从管理的角度看，如何扬长避短，这就要考验上级如何做好"决"的水平了。

目标管理这样做

管理者对上的秩序表现我们重点解析了"策"这个关键点。那么，管理者对下的秩序表现又包括哪些核心工作呢？如图2-1所示。

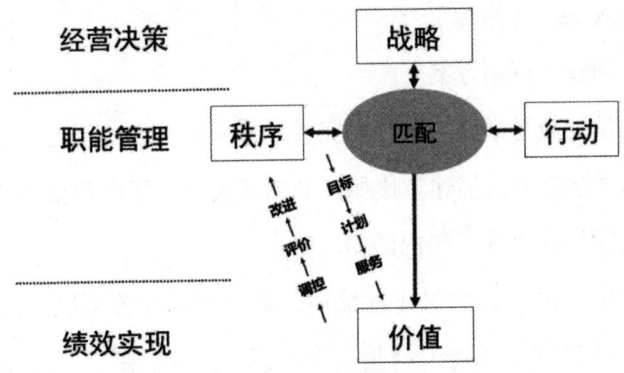

图2-1 在事的方面管理者对下的核心工作

如上图所示，管理者向下的工作主要包括六个方面，首先要确定工作目标，接下来要带领下属制订相关的工作计划，在下属完成工作的过程中，不能做甩手掌柜，还要给予下属更多的支持与帮助，我们用服务这个词来概况这方面的工作，当下属的价值被激发以后，需要对下属的工作情况进行调控，也包含对前面所提到的自我服务偏差进行管理，然后就是对下属的行为及结果进行绩效评价了，评价最终的目的是实现持续地改进，以上的目标、计划、服务、调控、评价和改进构成了一个循环。接下来，我们分别对目标、计划、服务、调控、评价和改进做进一步的说明。

首先是目标。

不论什么样的管理理念，目标都是十分重要的事，只不过目标管理的方式和方法变得越来越适应时代的发展需求而已。那么，结合新时代的经济、社会、科技以及人的成长，目标要怎样去管理呢？有没有实用的目标落地工具呢？这里，向大家推荐OGSMA目标管理法，这种方法将目标落地分为了五大步骤：

O：objective（目的）

G：goal（目标）

S：strategy（实施策略）

M：measurement（指标）

A：action plan（行动方案）

O是企业长期或是最短一年内要完成的方向是什么？要达到什么样的状态？O需要用文字来进行描述。比如，如果某人在一年内最重要的事情是减肥，那么减肥就是他在这一年内的O。

G是对目的达成状态的量化性描述，解决怎样才算减肥的问题，就某人减肥而言，G目标简单地说就是一个月减3公斤。那么，这3公斤要怎么减下去呢？我们要想过河，就要解决船或桥的问题，否则过河就是一句空话，一个任务没有解决方法，这个任务就只能是瞎说一顿。这就意味着即便提出的目的和目标是正确的，如果没有好的策略、方法来实现，那么一切也都会变成"空话"。

接下来要谈S了。还是以减肥为例，现在很多人减肥从大方向上看，主要有三大策略：管住嘴、迈开腿和朋友圈发誓。什么是朋友圈发誓呢？我们经常会在微信朋友圈看到某人发个动态，说不减多少斤不换头像，或者发个朋友圈说要减肥了，如果到什么时间没有减掉多少斤，凡是下面点赞的有一个算一个，每个人按300元标准请大家吃料理，再有就是每天发运动状态和跑步记录，这些都可以划入到朋友圈发誓的范畴。

可是，如何衡量策略或者如何进一步来证明策略是有效的呢？这就需要 M 了。比如如何衡量管住嘴？如每天摄入的卡路里不超过多少。如何衡量迈开腿了呢？如每天有氧运动时间达到多久，每天走路达到多少步。

A 是对 S 的细化。如果要通过管住嘴达到减重 3 公斤的目标，以此实现减肥的目的，那么早餐、午餐和晚餐分别要吃什么呢？要做哪些具体的行动呢？比如说减少碳水化合物（米、面）的摄入，少油少盐等。同样的道理，应用迈开腿的策略要做哪些具体的行动呢？比如找健身教练、每天走路 10000 步、有氧健身 40 分钟等。

现在，大家已经对 OGSMA 这个工具有了大致地理解，下面，我们将以 A 公司为例，系统讲解一下 OGSMA 工具要如何在企业中落地了。A 公司是一家以叶面肥为主营业务的农化企业，新年伊始运用 OGSMA 工具对年度工作进行了分解。

从企业的角度看，企业经营中最为基础的 O 主要来自企业经营决策层，长期的 O 是经营决策层所设立的企业使命和愿景，短期的 O 是经营决策层设定的当年经营重心。长期的 O 不能多，一至两个足矣，战略就是做减法，多了就没有重点了。短期的 O 以 3~4 个为宜。

比如 A 公司当年的 O 有三个，分别是：

O1：提高赢利水平

O2：扩大销售收入

O3：打造优秀的经销商网络

需要特别说明的是，经营决策层在向下宣导 O 的时候，一定要讲解清楚为什么设定这样的目的，同时还要明确这个 O 是想要的还是一定要的，把这个 O 当作团队的集体信念来看待。因为，想要和一定要的区别是巨大的。只有是一定要的，才会千方百计地去做到，才会"办法总比困难多"。

在解决了 O 是什么以及为什么的基础上，企业中的职能管理层才能对企业的经营决策有一个全面认知与理解，这样才有利于激发团队的内在动力，为后面的工作做好铺垫。

G 是指企业在一年内要实现的目标有哪些？实现该目标有哪些指标？它是对 O 的量化性描述，所以 G 必须符合 SMART 原则，应该是一个和数据有关的描述。以 A 公司的 O 为例，他们分别为三个目的制定了相应的 G。

比如，O1 提高赢利水平，目标 G1 定为利润提升 50%；O2 扩大销售收入，目标 G2 定为收入倍增；O3 打造优秀的经销商网络，相应的 G3 也需要对打造优秀的经销商网络进行量化性描述。这时 A 公司有两种选择，一是对优秀进行量化衡量，比如经销商网络对公司销售或利润的贡献率要达到多少，如分销贡献率达到 70%，且回款率达到 95%。用 70% 和 95% 来定义 A 公司眼中的优秀。二是对优秀经销商的数量进行量化性描述，可以通过对年度销售额、回款率、产品上架率等多项指标进行综合评价，如达到 S 级（超级）的经销商数量达到 100 家。A 公司从战略方向和自身情况出发，选择了"达到 S 级（超级）的经销商数量达到 100 家"作为 O3 的量化目标。

在设定目标时，如何确定具体目标可以运用如下几种方法：

方法一：运用平衡记分卡，从财务、客户、内部运营（组织方面）、学习与成长（员工层面）四个维度来确定目标的类别。

方法二：参考历史数据或行业相关标准、特性进行设定。

方法三：从数量（多）、时间（快）、质量（好）、成本（省）四个维度上进行设定。

方法四：运用团队共享及头脑风暴的方法，集体协商并进行设定。

上述的"减肥 3 公斤"和"达到 S 级（超级）的经销商数量达到 100 家"都是从数量维度上设定的具体目标。在应用"方法三"来进行目标描述时要注意以下几个问题：

1. 目标可能只满足四个维度中的一个，也可以同时满足多个维度。

2. 并不要求每一个目标都必须从数量、时间、质量、成本四个维度上进行设定。

3. 目标体现的是对目的的量化性说明，比如强调时间性目标与强调数量性目标的结果是不一样的，这就要结合组织的战略重点与自身情况来进行最终的目标设定了。

S是指为达成目标，而要采取的策略是什么。策略需要用文字来进行描述，类别上主要分为业务策略与管理策略两种。业务策略是指企业直接赢得竞争优势的方法，对目的和目标实现能够产生直接影响的策略被称为业务策略。业务策略一般有2~3个选择，完成后将达到各自的目的或目标。管理策略是指企业如何通过组织管理的力量来推行业务策略。一般包括流程、制度、培训、文化、奖惩、检查和质量体系等措施。

如前面所讲的减肥策略，管住嘴，通过调整或是控制饮食达到减肥的目标，这个策略对减重的影响是直接的，所以属于业务策略；迈开腿，通过增加运动量来达到减肥的目标，这个策略对减重的影响也是直接的，所以也属于业务策略；朋友圈发誓，就属于典型的管理策略了。试想一下，如果在减肥的过程中只有管住嘴和迈开腿，朋友圈不发誓，那么可能出现的问题是坚持不了多久。如果只有朋友圈发誓，缺少管住嘴和迈开腿，那么很难有突破，减肥效果也会受到很大的影响。

所以说，在制定策略时业务策略和管理策略二者缺一不可。再比如某企业要扩大市场占有率，策略一是兼并其他公司，这是业务策略；策略二是大力发展经销商，这也是业务策略；策略三是制定招商流程，这就是管理策略；策略四是制定招商的奖惩办法，这也是典型的管理策略。

需要特别注意的是，策略不能太多，太多就会分散资源，因此要有所选择，通常限定在5个以内。

为方便理解与应用，我们将通过A公司的案例来解读业务策略和管理策略的制定方法。

业务策略在制定时可以运用价值链法进行制定。

价值链是企业为创造价值而进行的一系列的输入、转换与输出的活动集合。如图2-2所示，企业价值链分为基本活动与辅助活动两大类，基本活动通常包括：原料供应、生产加工、成品储运、市场营销、售后服务。辅助活动通常包括：技术研发、人力资源和过程管控。

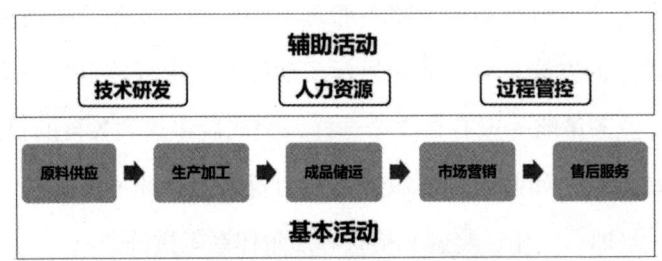

图2-2　企业价值链中的基本活动与辅助活动

从A公司年度目的和目标出发，要实现利润和销售收入的大幅增长，同时要拥有100家S级的经销商，通过原料供应很难解决，生产加工也不现实，成品储运最多可以省些钱，市场营销做好了是可以的，售后服务做好了也可以带动销售，这两个要素先做备选。

接下来看辅助活动。通过技术研发是否可以占领市场呢？完全没有问题。但是对于一家年销售额不到2个亿的中小企业而言，却很不现实。人力资源这个要素是可行的，通过制定有竞争力的人才政策促进业务发展，或者直接聘请有资源的销售人员，直接带动销售增长，可A公司的决策层经过商议得出一致性意见：人才政策是长期工作不能一蹴而就，再者，通过聘用有资源的销售人员实现销售增长，这不符合公司的价值观。所以，人力资源要素不能成为实现年度目标的突破口。辅助活动还剩下一个过程管控，这个做好了可以直接节流，但在开源方面收效甚微。

经过充分讨论，A公司决定将市场营销和售后服务确定为关键要素，也就是业务策略的出发点。最终，A公司确定的年度业务策略如下：

S1：决胜招商，提高招商会的成交率

S2：服务增值，提供终端订货会支持服务，帮助经销商提升销量

在业务策略确定后就要开始研究如何支撑业务策略的实现，这就涉及管理策略了。

针对S1，A公司认为提高销售人员的积极性会有助于完成招商任务目标，同时，如何更好地帮助经销商开好订货会也需要制定一套完整的流程。因此，在管理策略方面也制定了两个策略。

S3：建立与战略相匹配的人力资源管理机制

S4：制定终端订货会召开的标准作业流程

接下来就需要用M来衡量或量化性地描述策略了。

M是衡量各个策略成功与否的可量化的标准。如果承担该策略的是某个部门而非某个具体的人员，那么，在此处还要明确该策略由哪些部门负责，由哪些部门协助。

M和S的关系等同于G和O的关系。M值的设定方法参考上文中关于G的设定方法。

以A公司的"S1决胜招商，提高招商会的成交率"为例，M值设定为：A类市场50%，B类市场40%，C类市场20%。这意味着在A类市场中，参加招商会的客户中，每2个客户就必须要成交1位客户。此项工作由销售部负最终责任，由市场、技术和行政部门协助完成。

简单总结一下，到目前为止，我们已经看到了OGSM的分解过程，这四个要素的关系如图2-3所示：

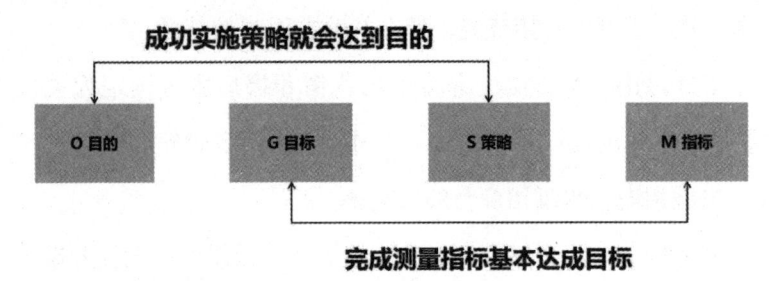

```
              成功实施策略就会达到目的
         ┌─────────────────────────┐
         ↓            ↓            ↓
    ┌────────┐   ┌────────┐   ┌────────┐   ┌────────┐
    │ O 目的 │   │ G 目标 │   │ S 策略 │   │ M 指标 │
    └────────┘   └────────┘   └────────┘   └────────┘
                      ↑                         │
                      └─────────────────────────┘
                      完成测量指标基本达成目标
```

图2-3　OGSM的关系

完成 M 能够基本达成目标，成功实施 S 就会达成 O。

A 是指为达成 M 实现 S 策略而要采取的具体的行动方案。在制定 A 时，要注意以下几点：

第一，要求行动方案具备可操作性，并且要具体。因此，在制定具体行动方案时尽量用动词开头。

第二，结合决与策的关系，A 的最佳提供者为具体的实施人员，建议上级管理者与下级管理者共同运用行动学习的方式来进行。

第三，每个策略应包括 4~5 种具体的行动方案，且这 4~5 种行动方案中要包含业务类的行动方案和管理类的行动方案。

以 A 公司为例，他们在运用行动学习进行研讨时，有一位省区销售经理提出，以往举办招商会一般都选在昆明、厦门、西安和三亚这些风景名胜之地，除了订货还有游玩的行程安排，全国主要的经销商对这样的招商会都已经麻木了，有的企业已经开始组织经销商出国了。所以，招商会必须结合经销商的需求和痛点，必须要有所突破和创新才有可能成功。这位省区经理的意见得到了其他人员的支持，研讨现场的气氛越来越热烈，最终，与会人员一致同意以两大业务类行动方案为核心，制定了综合性的行动方案。

这两大业务类行动方案为：用经营类课程吸引目标客户参会、推出商品会员店服务。之所以大家认可这两大核心行动方案，主要原因是因为这是销售人员代表客户提出的具体痛点和需求，下面的经销商也很痛苦，大品牌的厂家会强压任务，完不成任务可能就会被换掉，小厂家即使免费铺货，经销商也看不上。所以，经销商也需要得到支持，如何真正做到厂商联合，如何把自己的企业做好，这些都是经销商非常关心的问题，比起旅游或抽奖更有意义。同时，这两大核心行动方案也与公司的战略方向一致，因此得到了公司决策层的支持。

最终，A公司通过行动学习的形式确定了具体的行动方案。内容如下：

S1：决胜招商，提高招商会的成交率

M1：A类市场50%，B类市场40%，C类市场20%（销售部负责，市场部、技术部、行政部协助）

A1-1：用经营类课程吸引目标客户参会（业务类方案）

A1-2：推出商品会员店服务（业务类方案）

A1-3：制定有吸引力的招商政策（业务类方案）

A1-4：会议流程、内容和气氛提供保障（管理类方案）

这里需要特别强调的是充分发挥人的力量，摆正决和策之间的关系，虽然很多时候基层员工并不一定能明确未来的市场走向，但是他们更懂得客户的需求或痛点。

现在，A公司的战略目标已经分解到各核心部门，那么，各部门的目标要如何继续分解，直至分解到一线的员工呢？依然还是运用OGSMA这个工具。如下图2-4所示，上一级的S就是下一级的O，上一级的M就是下一级的G，上一级的A就是下一级的S，依此类推，直至分解到第一线的员工。

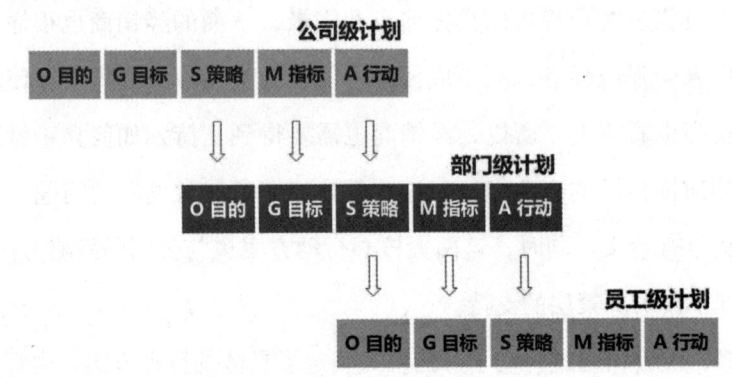

图2-4 各层级间OGSMA的分解关系

继续以A公司的目标分解为例。

A公司有一个公司级的S是：决胜招商，提高招商会的成交率。其M为A类市场50%，B类市场40%，C类市场20%，主要负责部门是销售部，协助部门有市场、技术以及行政部门。其具体的行动中有一项A是：用经营类课程吸引目标客户参会（业务类方案）。

根据OGSMA的分解方法，销售部在当年需要承担的公司级OGS就出现了。

O：决胜招商，提高招商会的成交率

G：A类市场50%，B类市场40%，C类市场20%

S：用经营类课程吸引目标客户参会（业务类方案）

此时，销售部门的负责人要与本部门核心人员，并邀请其他部门核心人员一同运用行动学习的方法，来共同确定"用经营类课程吸引目标客户参会"后面的M和A。经过认真、热烈的行动学习讨论，销售部门确定了后续的M和A。具体内容如下：

M：各市场有5家代理商参会（各省区经理负责、市场部、人力资源部支持）

A1：搜集客户关心的具体问题

A2：编制"四招定乾坤"的具体营销技巧

A3：编写具有吸引力的邀请函

A4：邀请目标客户参会

A5：制定客户邀约的奖惩办法

如上所述，如果还有可以向下分解至岗位的工作，依然可以继续应用OGSMA法进行分解。

运用OGSMA进行目标管理与传统的目标管理方法两者之间最大的不同就在于前者有策略、有行动。传统的目标管理方法通常叫作时空法。比如B公司全年销售任务30亿，全国设有七大区域：分别是东北、华北、西南、西北、华中、华东和华南，分解目标肯定不能平均分配，华东经济好些，任务多分一些，目标6个亿，东北、西北少一些。再看华东6省1市，江苏省这几年经济发展快，目标1.2个亿。江苏省核心城市有5个，苏州任务3000万，苏州现有销售人员3人，现有客户9个，全年12个月，去掉2个月淡季，这样分解下来，每个销售人员要负责每个客户每个月要订货多少就可以算出来了。

目前，很多企业都是将时间和地域作为目标分解的维度，这种用时空法来分解目标，其实就相当于简单地把减肥的目标分解到每天减1两，看上去分得很细，可实际上并没有支撑它的实行行动，最终很可能实现不了。

企业进行目标管理的本质实际上是要实现化战略为绩效，也就是将经营决策层的目的转化为一线员工的行动，因为所有的目标都是通过行动来实现的。OGSMA工具能够有效帮助企业更好地对目标进行管理和分解。

思考与练习

1. 你所在的企业在用什么方法进行目标分解？

2. 以你的实际工作为例，现在最想实现的目的是什么？

3. 你认为最有效的业务策略是什么？

4. 为帮助上面的业务目标更好地实现，你认为最重要的管理策略是什么？

协同性计划才是重点

当行动被确定后，哪些先做哪些后做，行动时又需要得到哪些资源和人员的支持……这就需要系统地计划了。但在日常的经营和管理活动中，计划没有变化快这句话经常被人们挂在嘴边。在这里我们不妨做一个假设，如果这个世界上没有了变化，那么计划还有那么重要吗？从这个角度上讲，计划就是为了应对变化对既定行动的影响。

同时，对于管理者而言计划的意义还在于如何形成部门内以及部门间的有效协同。管理者在通常情况下都可以很好地把握直接下属个人的行动计划，但对于部门内或是需要跨部门协同的计划，包括以项目为主的工作任务，都需要加强对于协同性行动计划的有效管理。在这里，我们主要针对协同性计划进行讲解，并提供有效的管理工具。

一份系统的、操作性强的协同性行动计划要具备核心的五大要素，如图2-5所示。

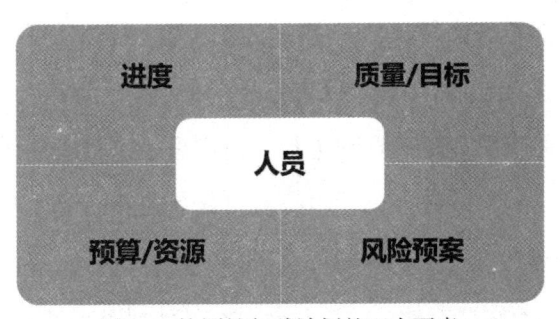

图2-5 协同性行动计划的五大要素

首先，目标是统领整个协同性行动计划的核心，在具体计划中，一切的行动都要为目标来服务，因此目标在描述时必须要符合 SMART 原则。结合目标管理 OGSMA 工具，行动计划中的目标就是上文中的 G 或 M。

进度有两层含义，一是指完成行动达成目的或目标的时间周期安排，二是指对行动进行管理的最小时间单位，如年、季、月、周、日、时，建筑企业在施工过程常用"天"来安排进度，餐饮企业按餐段"小时"来统计营收，也有很多企业对工作进程按季、月、周来进行工作安排。

如在某公司的年度经营计划中，到一季度要实现 40% 的营收业绩，到二季度实现 70% 的营收业绩，到三季度实现 90% 的营收业绩，到四季度争取实现 120% 的营收业绩。

人员在行动计划中也有两层含义，一是指具体的执行人，二是指能够影响执行人开展行动的利益关系人。由谁来执行的问题对于经验丰富的管理者而言，并不是特别复杂的问题，同时，在日常的管理活动中，这一点的选择空间其实也不大。但在利益关系人方面有时候是可以有较大提升的。能够影响执行人开展行动的主要有四类人员，分别是决策者、合作者、反对者和意见领袖。

决策者通常指管理者自身，在计划中决策者需要做的是坚定目标，如无重要原因和特殊情况不要轻易改变计划的目标，对应急方案给出决定意见，同时还要验收计划达成的成果。

合作者通常指与执行者共同完成行动，与之配合并可以起到促进作用的人。在计划中合作者需要做的是在意见上和行动上支持决策者与执行者。

反对者往往阻碍计划的顺利进行，他们可能来自不同的地方，有部门内的、其他部门的、外部客户，也很有可能就是执行者本身。在制订计划时，要充分考虑到有可能反对的人有哪些？他们为什么要反对？他们可能会做出来的行为有哪些？他们的反对会对整体计划造成多大的影响？

意见领袖通常指能够直接影响执行者意愿和态度的人。在组织内部中，意见领袖一般由符合人际关系活跃、德行出众、能力出色这三种中的一种或多种特征的人担任。在计划制定的过程中，管理者也要帮助执行处理好与意见领袖之间的关系，多多争取意见领袖的支持。

接下来，我们通过一个生活中的小故事让大家更好地理解利益关系人之间复杂的关系。

河北唐山农村有一个王老汉，独自养大了三个儿子，大儿子和王老汉在农村生活，二儿子在唐山市任公务员，三儿子在北京做生意，据说生意做得很大，资产早就过亿了。三儿子一心想让王老汉到北京生活，可王老汉不习惯城市生活，就一直在农村。有一天，王老汉觉得最近总是胃不舒服，自己去乡镇医院看了一下。

现在，结合利益关系人我们来看一下。王老汉看病这件事，此时的他自己同时兼任决策者与执行者，两个身份意见统一，此时执行力很强。

故事继续向下进行。王老汉到了乡镇卫生院，医生进行了一下问诊，简单地给王老汉做了检查，根据其自身经验并没有发现什么大问题。医生告诉王老汉："你这是年纪大了，胃动力不足了，我给你开点增加胃动力的药，你回去按时吃。"王老汉平时有个什么小毛病都找这个医生看，效果都还挺好的，这一次，他也非常相信这位医生的话，回家后完全遵医嘱按时吃药。

根据利益关系人的分类，医生目前是典型的意见领袖，他左右着王老汉的意愿和行为。

王老汉吃了几天的药觉得没效果，此时，大儿子发现了他在吃药，就问王老汉生什么病了吗？王老汉解释了一遍，大儿子当时就告诉他药先别吃了，他不信任当地乡镇卫生院的医疗水平，直接给老二打电话，让老二在唐山市给联系一家熟悉些的医院，自己会带着王老汉到唐山去看病。二儿子接到电话非常配合，当即回复说你们尽快来唐山，到这边后我来安排。

故事发展到现在，出现了新的角色，老大开始是反对者，反对者因为势力强大也很有可能成为决策者，二儿子此时完全是合作者，绝对支持决策者与执行者。而王老汉要看病，他依然是一名执行者。

老大带着王老汉到了唐山市，老二自然负责一切，关于找医院和医生的事都是由老二决策的，老大全力配合老二给王老汉看病。

利益关系人的角色有时候是可以进行变化的，正如王老汉看病这件事中的各个人物，二儿子成了决策者，大儿子成了合作者，而王老汉的身份没有变，他依然是执行者。

王老汉在二儿子的安排下进行了详细地检查，医生告诉他们，王老汉的胃里有一个良性的肿瘤，建议做手术割掉。老大和老二完全同意医生的意见，可王老汉不同意，他的意见很简单，既然是良性的就保守治疗吧，不想做手术，两个儿子苦劝无效。老大后来就和老二说，村里有个叫张婶的独居老太太和爹走得很近，没准哪天两位老人还真能在一起，爹很听张婶的话，我们让张婶来劝一下吧。结果，王老汉还真听这个张婶的话，即使不那么情愿，最后还是决定配合医生做手术。

现在大家已经发现了，执行者也很有可能成为反对者，这里面，张婶本身是意见领袖，后来直接成了合作者。

故事到这里要结束了吗？并没有，手术日期确定后，大儿子和二儿子商量给三儿子打个电话。老大对老三说："老三你最近有空回来一下，没啥大事，老爹要做个小手术，他不让我们告诉你，知道你忙，不想影响你工作，你要是有空就回来一下，要是特别忙，给老爹打个电话就行。"大家可想而知，三儿子会怎么回复呢？"做手术？在哪？唐山？那可不行，咱们差钱吗？唐山市的医疗水平跟北京没法比啊，老爹做手术必须来北京最好的医院啊！"

我们通过王老汉看病的小故事，让大家充分理解了利益关系人的特征与行为，目的还是希望管理者在安排计划中的相关人员时，能够充分考虑到其中的利害关系。作为决策者的管理者首先要帮助执行者寻求合作者的全力配合，同时还要争取到意见领袖的全力支持，这样即使有反对者，也可以更好地进行化解。

比如张经理想在一项计划中让小李去执行，他发现小李平时经常和部门内的大陈在一起，关系还非常好，很多时候都会听大陈的意见。而大陈来公司的时间比较长，能力非常出众。于是，张经理便和大陈先聊了一下关于小李的工作安排，征求了一下大陈的意见，大陈表示支持，很认可张经理的安排。在张经理和小李谈过工作安排以后，小李对于接受这项工作并完成好还有些顾虑，就找到了大陈询问意见。大陈说这个事情他是知道的，张经理和他说起过这个安排，他觉得这是小李的一次机会，应该把握住，还告诉小李如果在工作中遇到问题，可以随时来找他。这样，小李就安心地接受了工作，最终也完成得很好。

思考与练习

在你目前正在进行的某项工作中，利益关系人都是谁？你计划先与哪一类的利益关系人达成一致意见？

预算很好理解，企业级的计划是年度经营计划，其中的预算就是企业的年度预算。预算决定了行动方案的最终范围，表明了费用的获得、配置和使用方向。管理者在工作计划中所要描述的预算，主要指的是需要准备的财务费用或成本有哪些。描述计划中的预算主要有三种形式：

第一种是最为常用的项目法，运用此种方法只需要简单地罗列出计划中需要哪些分项费用，各是多少就可以。比如参加一次行业展会的预算是场地费用15万元、场地装修装饰费用5万元、宣传品2万元、礼仪费用3万元、接待费用3万元、礼品费用1万元、杂费1万元，合计30万元。

第二种是进度法，此种方法是根据计划的时间进度来安排费用支出。还是以参加一次行业展会为例，假设其于6月1日起筹备，至同年9月1日整体结束，时间进度按周进行控制，刚好13周的时间。根据参展工作的特点，场地费用一般要提前支付，所以第一周会支持场地费用，而场地一旦确定下来，就要确定设计图和装修方案了，此时也需要支付大量费用，预计在第4周至第6周支付。第7周至第12周，按计划支出装修尾款、宣传品和礼品费用，基本每周都要有支付，但金额较开始时小了很多。直到展会举办期间的最后一周，礼仪、接待费用等支出开始增加。将费用和时间进度相结合，可以使计划中的相关执行与合作人员非常清楚费用的支出时间，有利于业务部门与财务部门进行有效的沟通，促进工作计划的顺利实施。

第三种方法为综合法，就是将上述两种方法结合在一起，在根据进度进行预算时还要体现出费用的具体项目，这样不但体现费用支出的时间，还可以体现出费用的去向。一般管控较严格的工作计划会采用此种方法，日常的工作计划一般采用前两种预算方法就可以满足管理需要了。

风险预案是计划应对变化的关键要素。组织面临的风险一般可以概括为6种，分别是战略风险、决策机制风险、运营风险、技术风险、操作风险和财务风险。

战略风险主要来自组织决策层对未来判断的失误以及未来的不确定性。决策机制风险主要来自组织股东会、董事会等决策机构与关键人员间意见与行为的不统一，比如著名的"小黄车之死"，毁了小黄车的不是一票否决权，而是如何运用好一票否决权的机制问题，当然这其中也有运营风险。运营风险主要来自管理层业务策略和管理策略上的错误或不当。技术风险主要来自技术的不成熟、不稳定，比如12306网上售票系统刚开始运行时，

ETC开始运行时的计费问题，以及很多游戏中的BUG，这些都属于技术风险。操作风险主要来自执行人在具体工作中出现的问题，一般是因为意愿、能力和违反操作规程等方面的个人原因。财务风险主要指的是资金链问题。上述风险得不到有效的控制和处理，最终都将影响到资金链问题，给组织正常运行带来极大的破坏。

管理者在制定行动计划时，要对风险进行有效管理，这包括了风险信息收集、评估、制定处置策略与方案等工作。为方便实际应用，我们以风险三连问的方式帮助管理者进行记忆。

按照现在的计划执行，我们需要问：

第一个问题：最大的风险是什么？

第二个问题：如何规避这些风险的发生？

第三个问题：如果风险真的发生了要如何解决？

以之前的A公司召开招商会为例，他们在探讨招商会面临的主要风险时发现，如果同期主要竞争对手也召开招商会议，那么A公司的客户邀约一定会受很大影响，这是面临的主要风险。那么，面对这个风险要如何规避呢？A公司要求所有销售人员在市场上积极了解主要竞争对手召开招商会议的时间，使会议时间尽可能错开，以保证招商会参会客户数量和质量。如果真的发生了会期"撞车"，怎么办呢？A公司决定通过以下几个措施解决此问题：

1. 让销售人员对目标客户进行游说。

2. 提前讲解新的销售模式与支持政策，将销售工作向前推移。

3. 将招商会中讲授的经营类课程制作成视频文件赠送客户，使客户全面了解公司新的运作方式。

4. 销售政策对重点客户有针对性的延期。

以上的目标、进度、人员、预算和风险预案就是一份系统的、操作性强的协同性行动计划中需要具备的核心五大要素。对于讲求实效的组织和管理者而言，知识必须要服务于工作实践。接下来，我们运用一份"协同计划表"工具来对上述计划核心要素来进行落地应用，如表2-1所示。需要说明的是本表对于多人协同性的计划更有意义。当然，个人计划也可以应用。

表2-1 协同计划表

目的(O)				_____协同计划表			
参与人/职责等级	目标(G)或指标(M)	序号	策略(S)或行动方案(A)	第一责任人		整体状态	
				计划完成时间： 年 月 日 时		状态	
		1					
		2					
		3					
		4					
		5					
		6					
		7					
		8					
		9					
		①					
		②					
		③					
		时间进度安排(制表时间： 年 月 日)				状态	
		预算	分项成本	进度成本			
风险预案	主要风险： 规避方法： 应对方案：						

这份"协同计划表"在使用上共分为12个步骤。我们继续以A公司为例进行分步骤填写。

第1步：填写计划基本信息

此步骤主要填写4项信息：

1. 计划名称，为协同性计划起个名字

2. 目的，也就是OGSMA工具中的O。

3. 确定第一责任人，由谁来对此项计划实施负最终责任。

4. 确定此计划具体的完成时间。

A公司招商会的协同性计划如下表，如表2-2所示。

表2-2 A公司招商会协同性计划中的基本信息

目的（O）	决胜招商，提高招商会的成交率			A公司招商会 协同计划表 第一责任人 刘红涛	整体状态	
参与人/职责等级	目标（G）或指标（M）	序号	策略（S）或行动方案（A）	计划完成时间：2019年8月18日		状态
		1				
		2				
		3				
		4				
		5				
		6				
		7				
		8				
		9				
		①				
		②				
		③				
		时间进度安排（制表时间：　年　月　日）				状态
		预算	分项成本	进度成本		预算额度
风险预案	主要风险： 规避方法： 应对方案：					

第2步：组建实施团队

步骤要确定参与此计划的具体协同人员部门名称及具体姓名，这样具体的实施团队就组建起来了。

A公司招商会的计划参与人情况如表2-3所示。

表2-3 A公司招商会协同性计划中的实施团队

目的（O）	决胜招商，提高招商会的成交率			A公司招商会 协同计划表 第一责任人 刘红涛	整体状态	
参与人/职责等级	目标（G）或指标（M）	序号	策略（S）或行动方案（A）	计划完成时间：2019年8月18日		状态
		1				
		2				
		3				
		4				
		5				
		6				
		7				
		8				
		9				
		①				
		②				
		③				
刘红涛 宋某某 张某某 何某某			时间进度安排（制表时间：　年　月　日）			状态
		预算	分项成本	进度成本		预算额度
风险预案	主要风险： 规避方法： 应对方案：					

第3步：填写计划的具体目标

此处填写的目标就是OGSMA工具中的G或是M，要求符合SMART原则。A公司招商会计划中的具体目标情况如表2-4所示。

表2-4　A公司招商会协同性计划中的具体目标

目的（O）	决胜招商，提高招商会的成交率					第一责任人	刘红涛		整体状态	
参与人/职责等级	目标（G）或指标（M）	序号		策略（S）或行动方案（A）		计划完成时间：2019年8月18日				状态
		1								
		2								
		3								
		4								
		5								
		6								
		7								
		8								
		9								
		①								
		②								
		③								
刘红涛	宋某某	张某某	何某某	平均成交率40%	300家代理参会	签约额1.5亿	现场0失误	时间进度安排（制表时间：　年　月　日）		状态
								预算	分项成本	进度成本	预算额度
风险预案	主要风险									
	规避方法									
	应对方案									

第4步：填写计划的具体策略或行动方案

此处的具体策略或行动方案就是OGSMA工具中的S或是A。如果目标中填写的是目标（O），那么此处就要填写策略（S）；如果目标中填写的是指标（M），那么此处就要填写行动方案（A）。填写时不需要区分重要顺序和执行时间，只要把相关策略和行动方案填写上去就可以。

A公司招商会计划中的策略或行动方案情况如下表2-5所示。

第5步：使目标（G）或指标（M）与策略（S）或行动方案（A）建立对应关系

在此步骤请管理团队根据各自喜好选择喜欢的符号，在相交集的空格内来表示对应关系，如"√""☆"等。

表2-5　A公司招商会协同性计划中的策略或行动方案

A公司招商会　协同计划表

目的（O）	决胜招商，提高招商会的成交率		第一责任人	刘红涛	整体状态	
参与人/职责等级	目标（G）或指标（M）	序号	策略（S）或行动方案（A）	计划完成时间：2019年8月18日		状态
		1	用经营类课程吸引目标客户参会			
		2	搜集客户主要关心的具体问题			
		3	编制"四招定乾坤"的具体营销技巧			
		4	编写具有吸引力的邀请函			
		5	邀请目标客户参会			
		6	制定客户邀约的奖惩方法			
		7	制定有吸引力的招商政策			
		8	会议流程、内含和气氛提供保障			
		9	推出商品会员店服务			
		①				
		②				
		③				
刘红涛 宋某某 张某某 何某某	平均成交率40% 300家代理参会 签约额1.5亿 现场0失误	预算	时间进度安排（制表时间：　年　月　日）			状态
			分项成本	进度成本		预算额度
风险预案	主要风险： 规避方法： 应对方案：					

A公司招商会计划中的目标（G）、指标（M）与策略（S）、行动方案（A）间的对应关系如表2-6所示。

表2-6　A公司招商会协同性计划中GMSA间的对应关系

A公司招商会　协同计划表

目的（O）	决胜招商，提高招商会的成交率			第一责任人	刘红涛	整体状态	
参与人/职责等级	目标（G）或指标（M）		序号	策略（S）或行动方案（A）	计划完成时间：2019年8月18日		状态
	☆ ☆ ☆		1	用经营类课程吸引目标客户参会			
	☆		2	搜集客户主要关心的具体问题			
	☆		3	编制"四招定乾坤"的具体营销技巧			
	☆ ☆ ☆		4	编写具有吸引力的邀请函			
	☆ ☆ ☆		5	邀请目标客户参会			
	☆ ☆		6	制定客户邀约的奖惩方法			
	☆		7	制定有吸引力的招商政策			
	☆ ☆ ☆ ☆		8	会议流程、内含和气氛提供保障			
	☆ ☆ ☆		9	推出商品会员店服务			
			①				
			②				
			③				
刘红涛 宋某某 张某某 何某某	平均成交率40% 300家代理参会 签约额1.5亿 现场0失误		预算	时间进度安排（制表时间：　年　月　日）			状态
				分项成本	进度成本		预算额度
风险预案	主要风险： 规避方法： 应对方案：						

在将每一项策略或行动方案与目标或指标对应后，我们会很容易发现

这样的情况：

1.如果某项策略（S）或行动（A）前标记的符号越多，也就是和多项目标（G）、指标（M）对应越多，说明此项策略（S）或行动（A）越重要。

2.如果某项策略（S）或行动（A）前没有标记任何符号，也就是和多项目标（G）、指标（M）没有对应，说明此项策略（S）或行动（A）重要程度较低。如果协同小组坚持认为此项策略（S）或行动（A）很重要，那么，就需要增加目标（G）或指标（M）。

3.管理者现在完全可以通过观察标记符合的情况，直接通过可视化的管理表格发现重点工作。

第6步：确定时间进度

此步骤主要有两项工作，一是填写制表时间，二是填写进度管理的最小时间单位，如季、月、周、日、时等，自制表之日起至第一步中基本信息中完成时间为止，这样就形成了一个基本的甘特图（又称"条状图"）。

A公司招商会计划中的进度情况如表2-7所示。

表2-7 A公司招商会协同性计划中的时间进度

目的（O）				决胜招商，提高招商会的成交率		第一责任人	刘红涛				整体状态	
参与人职责等级			目标（G）或指标（M）	序号	策略（S）或行动方案（A）	计划完成时间：2019年8月18日						状态
			☆ ☆	1	用经营类课程吸引目标客户参会							
			☆	2	搜集客户主要关心的具体问题							
			☆ ☆	3	编制"四招定乾坤"的具体营销技巧							
			☆	4	编写具有吸引力的邀请函							
			☆	5	邀请目标客户参会							
			☆ ☆	6	制定客户邀约的奖惩方法							
			☆ ☆	7	制定有吸引力的招商政策							
			☆ ☆	8	会议流程、内含和气氛提供保障							
			☆ ☆	9	推出商品会员店服务							
				①								
				②								
				③								
刘红涛	宋某某	张某某	何某某	平均成交率 40%	300家代理参会	签约额1.5亿	现场0失误	时间进度安排（制表时间：2019年7月1日）	7-1	7-8	7-15	7-22	7-29	8-5	8-12	8-17	状态
								预算	分项成本				进度成本				预算额度
风险预案	主要风险： 规避方法： 应对方案：											

44

第7步：确定具体工作的实施时间

在时间单位与策略（S）或行动（A）相交集的空格内用空心"〇"表示在此段时间内完成此项策略（S）或行动（A）。在计划实施阶段可以用实心"〇"表示实际达成的时间。

A公司招商会计划中策略（S）或行动（A）的时间安排情况如表2-8所示。

表2-8　A公司招商会协同性计划中策略（S）或行动（A）的实施时间

目的（O）			决胜招商，提高招商会的成交率			第一责任人	刘红涛					整体状态	
参与人职责等级			目标（G）或指标（M）		序号	策略（S）或行动方案（A）	计划完成时间：2019年8月18日						状态
			☆	☆	☆	1	用经营类课程吸引目标客户参会	〇	〇					
			☆			2	搜集客户主要关心的具体问题		〇					
			☆		☆	3	编制"四招定乾坤"的具体营销技巧		〇					
				☆		4	编写具有吸引力的邀请函		〇	〇				
				☆		5	邀请目标客户参会			〇	〇			
			☆	☆		6	制定客户邀约的奖惩方法			〇	〇	〇	〇	〇
						7	制定有吸引力的招商政策					〇	〇	〇
			☆	☆		8	会议流程、内含和气氛提供保障							
			☆	☆		9	推出商品会员店服务							
						①								
						②								
						③		7-1	7-8	7-15	7-22	7-29	8-5	8-12	8-17
刘红涛	宋某某	张某某	何某某	平均成交率40%	签约额1.5亿	300家代理参会	现场0失误	时间进度安排（制表时间：2019年7月1日）						状态
							预算	分项成本			进度成本			预算额度
风险预案	主要风险：													
	规避方法：													
	应对方案：													

完成此步骤后，可以清楚地看到相关工作执行的先后顺序，以及哪些工作是同时进行的，以此可以预测不同时间段的工作繁忙程度。

第8步：将策略（S）或行动（A）分配给具体参与的相关人员

需要注意的是，在此步骤不仅要体现出由谁负责此项工作，还要体现出所承担职责的负责人的等级。我们用数字"123"来对职责等级进行描述。数字"1"代表职责等级为主要负责人，数字"2"代表职责等级为协助者，数字"3"代表职责等级为仅提供事务性支持，不作为责任的具体承担者。

比如某部门员工甲要负责定会议场地，那么他的职责等级就是"1"，公司派员工乙协助他进行场地甄选,那么乙的职责等级就是"2",然后公司指派员工丙驾驶车辆带他们去选场地,那么丙的职责等级就是"3"。如果场地选的很好要给予奖金,甲得到奖金占多数,剩余的给乙,丙没有奖金。如果场地选得不好要有惩罚,甲最多,乙次之,丙没有惩罚。

A公司招商会计划中人员分配及职责等级如表2-9所示。

表2-9　A公司招商会协同性计划中的参与人及职责等级

目的(O)					决胜招商,提高招商会的成交率	第一责任人	刘红涛					整体状态
参与人职责等级			目标(G)或指标(M)	序号	策略(S)或行动方案(A)	计划完成时间:2019年8月18日						状态
2	1		☆	☆	☆	1	用经营类课程吸引目标客户参会	○	○				
1		2	☆			2	搜集客户主要关心的具体问题		○	○			
1	3	2	☆		☆	3	编制"四招定乾坤"的具体营销技巧		○				
	1			☆	☆	4	编写具有吸引力的邀请函			○	○		
	2		☆	☆		5	邀请目标客户参会		○	○			
1	2		☆	☆		6	制定客户邀约的奖惩方法		○	○	○	○	○
	2		☆			7	制定有吸引力的招商政策				○	○	○
1	2		☆			8	会议流程、内含和气氛提供保障	○	○	○			
			☆	☆		9	推出商品会员店服务						
						①							
						②							
						③		7-1	7-8	7-15	7-22	7-29	8-5	8-12	8-17
刘红涛	宋某某	张某某	何某某	平均成交率40%	300家代理参会	签约额1.5亿	现场0失误	时间进度安排(制表时间:2019年7月1日)					状态
								预算	分项成本		进度成本			预算额度
风险预案	主要风险: 规避方法: 应对方案:												

在进行此步骤时还要注意,任意一项工作都必须也只能有一个"1",至于是否有"2"和"3",有几个"2"和"3",要根据实际情况而定,没有具体规定。

第9步:确定本计划的预算情况

根据上文中关于计划中预算描述的项目法、进度法和综合法这三种方法,选择一种适用于本计划的预算描述方法。用进度法时,计划预算一般用实线来描述,在实施阶段一般用虚线来描述实际费用花费情况。同样,项目法和综合法在实施阶段发生改变时,也要在原有项目费用描述后面重新填写修订后的预算情况。

A公司招商会计划中的预算情况如表2-10所示。

表2-10　A公司招商会协同性计划中的预算情况

目的（O）		决胜招商，提高招商会的成交率				第一责任人	刘红涛					整体状态	
参与人职责等级		目标（G）或指标（M）		序号	策略（S）或行动方案（A）	计划完成时间：2019年8月18日						状态	
2	1	☆	☆	1	用经营类课程吸引目标客户参会	○	○						
1		2	☆	2	搜集客户主要关心的具体问题		○	○					
1	3	☆	☆	3	编制"四招定乾坤"的具体营销技巧			○					
	1		☆	☆	4	编写具有吸引力的邀请函			○	○			
	2	☆	☆	5	邀请目标客户参会				○	○			
1	2	2	☆	6	制定客户邀约的奖惩方法					○	○	○	
	2	3	1	☆	7	制定有吸引力的招商政策					○	○		
1	2	2	☆	☆	8	会议流程、内含和气氛提供保障						○	○	
		☆	☆	9	推出商品会员店服务								
				①									
				②									
				③									
刘红涛	宋某某	张某某	何某某	平均成交率40%	签约额1.5亿	现场0失误	预算	时间进度安排（制表时间：2019年7月1日）					状态
								会场费用：5万元　　礼品费用：3万元					5万 4万 3万 2万 1万
								分项成本				进度成本	
风险预案	主要风险：												
	规避方法：												
	应对方案：												

第10步：制定风险预案

根据风险管理的相关要求，在此处完成对风险三连问的回答，以帮助团队人员有效应对变化。

A公司招商会计划中的简要风险预案如表2-11所示。

表2-11　A公司招商会协同性计划中的风险预案

目的（O）		决胜招商，提高招商会的成交率				第一责任人	刘红涛					整体状态	
参与人职责等级		目标（G）或指标（M）		序号	策略（S）或行动方案（A）	计划完成时间：2019年8月18日						状态	
2	1	☆	☆	1	用经营类课程吸引目标客户参会	○	○						
1		2	☆	2	搜集客户主要关心的具体问题		○	○					
1	3	☆	☆	3	编制"四招定乾坤"的具体营销技巧			○					
	1	☆	☆	4	编写具有吸引力的邀请函			○	○				
	2	☆	☆	5	邀请目标客户参会				○	○			
1	2	2	☆	6	制定客户邀约的奖惩方法					○	○	○	
	2	3	1	☆	7	制定有吸引力的招商政策					○	○		
1	2	2	☆	☆	8	会议流程、内含和气氛提供保障						○	○	
		☆	☆	9	推出商品会员店服务								
				①									
				②									
				③		7-1	7-8	7-15	7-22	7-29	8-5	8-12	8-17
刘红涛	宋某某	张某某	何某某	平均成交率40%	签约额1.5亿	现场0失误	预算	时间进度安排（制表时间：2019年7月1日）					状态
								会场费用：5万元　　礼品费用：3万元					5万 4万 3万 2万 1万
								分项成本				进度成本	
风险预案	主要风险：招商会举办期间有主要竞争对手也同期召开招商会，产生了客户的分流。												
	规避方法：销售人员提前做好调研，提前了解主要竞争对手动态。												
	应对方案：销售人员提前做好重点客户拜访，销售期相应提前，不能保留的保留销售政策，会后集中拜访。												

特别说明：

至此，"协同计划表"在计划部分的内容就全部完成了。管理者以及实施人员现在可以非常直观地看到某人要在什么时间和谁一起配合完成哪些工作，这些工作与目标的关联度情况、时间情况、预算以及风险预案情况都清楚地呈现在大家眼前。

此时，管理者通过这份"协同计划表"还可以发现很多情况，比如A公司招商会的这份计划表中，刘红涛的名字前面有很多的数字"1"，这说明此人是该项目中的重要成员。这些有数字"1"的工作在时间进度栏又是同时发生的，说明刘红涛的工作是非常重要且繁忙的，需要管理者调配人员给予协助，或是管理者直接予以帮助。更需要注意的是，刘红涛负责的这些工作在目标处还都标满了"☆"，这说明这个计划能否成功的关键就在于他了。

这种情况如果出现在多个"协同计划表"中，那么就意味着团队人员结构出现了问题，管理者必须要加强人才梯队的建设。

而且，还会出现另外一种极端情况，就是在多个"协同计划表"中某人的名字前如果从来没有出现过"1"或"2"，这又说明了什么呢？这种情况可以说明两个问题，第一种情况是此人为新员工，还处在学习阶段，不能独立承担工作。第二种情况是，当公司需要进行人才优化时，管理者便可以很轻松地找到优化对象。

"协同计划表"不仅是在制定计划时发挥作用，在实施阶段也可以发挥力量。这些作用可以通过后面两步来体现。

第11步：确定或调整计划的执行状态

此步骤的执行状态分为两类，一类是该计划的整体执行状态；另一类是指具体某项策略（S）或行动（A）的执行状态。

执行状态通常用颜色表示，绿色代表正常；黄色代表警告，提示有不能顺利达成的风险，需要所有人注意并想办法尽可能不让其出现问题；红色代表问题已产生，已对顺利完成的工作带来了负面影响，提示需要及时处理与解决；黑色代表此项工作停止，不再进行。

不方便用颜色标注的，也可以直接用文字"正常""警告""问题""停止"注明。

A公司招商会计划在实施阶段的执行状态如表2-12所示。

表2-12　A公司招商会协同性计划在实施阶段的执行状态

第12步：增加新的策略或行动

本步骤的填写一般发生在3种情况下：

第一，整体的策略或行动本身发生调整时，此时需要增加新的策略或行动以保证原有的目标（G）或指标（M）的顺利达成。

第二，具体的策略（S）或行动（A）在执行时出现执行状态黄色（警告）或红色（问题）时，此时需要追加一些新的行动以保证该策略（S）或行动（A）的顺利实施。

第三，风险预案启动时。

不论是上述哪一种情况，增加的策略（S）或行动（A）都需要和目标（G）相对应，都要有时间进度的安排，都要有参与人以及职责等级描述。

需要注意的是，在调整"协同计划表"的时候，原有内容不建议进行修改，因为这样更便于后期进行整体回顾，可以轻松地看到整体计划的实施过程，有利于事后的复盘改进。

A公司招商会计划在实施阶段的新增情况如表2-13所示。

表2-13　A公司招商会协同性计划在实施阶段中新增工作情况

至此，管理者向下的计划职能就告一段落了。"协同计划表"工具可以帮助管理者更好地发挥好计划职能，理顺各项工作流程。接下来，管理者要履行对下属的服务支持职能了。

思考与练习

1. 部门内哪些工作可以采用"协同计划表"来进行有效的计划管理？

2. 如果你是这份计划的第一责任人或参与人，在计划进行阶段，你将按照什么步骤向上级进行汇报呢？

为下属服务

春种夏耘秋收冬藏是我国劳动人民总结出来的农业种植规律，在管理方面，我们也可以在这个规律中得到启发。春种秋收相当于我们管理行为中的目标下达、计划制定和绩效评价，冬藏相当于我们管理行为中的复盘与改进。要取得更大的丰收，播种是先决条件，接下来便是至关重要的夏耘了。夏耘主要指的是施肥、锄草、杀虫这样的过程管理，少了夏耘再好的种子也很难收获最大的产量，这相当于我们管理行为中的服务与调控。

我们先从服务开始。管理者向下服务的核心目的是帮助下属，给下属创造更多的便利条件，以便更好地产生绩效。就如同部队中的装备、后勤对一线部队的支持一样。在管理者向下服务的过程中，主要需要扮演四种角色，如图 2-6 所示。

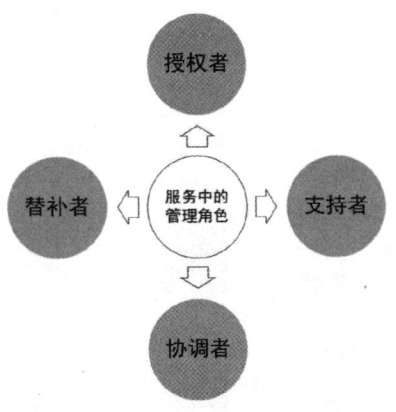

图2-6　管理者在服务中的四种角色

一、授权者的角色

管理者在授权的过程中,主要考虑的因素包括事的因素和人的因素。事的因素主要分为结果的风险高低与发生频率的高低。人的因素主要分为人能力的高低与意愿程度的高低,如图 2-7 所示。

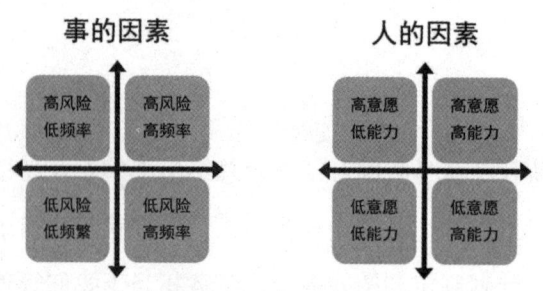

图2-7 管理者在授权的过程中需要考虑事的因素和人的因素

在目前的管理学中,有根据事的因素将授权定性分为:必须、应该、可以和不能四大类型;也有根据人的意愿和能力因素而建立的情景领导力模型,分为指令、教练、咨询和授权四大类型。但从实际应用情况上看,管理者在委派工作以及处理授权事宜时往往都要结合事与人两大因素来确定具体方案,这两大因素绝不能孤立地去解决,而忽视另一要素。

如何解决这一问题呢?我们提出了事与人相结合的管理者授权级别的四类十法,如图 2-8 所示。

人的因素 \ 事的因素		风险高		风险低	
		频率高	频率低	频率高	频率低
能力高	意愿高	分权 / 辅导	征询	交出 / 授权	过问
	意愿低	合议	说服	咨询	征询
能力低	意愿高	观摩 / 独断	----	说服	指令 / 指导
	意愿低	分享	----	征询	分享

图2-8 管理者授权级别的四类十法模型

在上面这个模型中，结合意愿、能力、风险、频率四大因素，在授权类别方面主要分为四个类别，分别是独断、指导、辅导和授权，同时细化为十种具体方法。首先要对一些要素进行解释和说明。

风险是指此项工作对整体目标或财务方面所造成的直接影响，是对重要性的考量，一般以造成的负面损失大小为衡量标准。频率是指此项工作在单位时间内发生的次数，是对重复性的考量，一般经常发生的为高频，偶尔发生的为低频。能力是指责任人为完成此项工作所具备的相关知识与技能的总和，是对胜任程度的考量，通常以历史绩效为衡量标准。意愿是指责任人面对此项工作所抱持的态度，是对积极性的考量，通常以服从性和主动性为标准。

下面，将对各类别以及具体方法进行逐一说明。

独断主要是由管理者自己来处理和完成相关工作，适用于整体风险较高，员工能力还不能完全胜任的工作。

在此类别中，如发生频率较高且下属意愿度较高，适合运用观摩的方法，也就是在管理者自行处理相关工作时，允许下属在重要环节直接了解管理者的操作方法。因为该工作发生频率较高，下属日后也会经常接触到此类工作，所以要加强下属对此类工作的认知。通常意愿高的下属在观摩的过程会更加认真，并在事后能够主动提问和总结。

如发生频率较高且下属意愿度较低，适合运用分享的方法。本方法由管理者自行操作，但要在事后向下属介绍完成该工作的操作方法、注意事项和相关经验等，以提高下属对此类工作的认知。

如事件发生频率较低，一般由管理者直接处理，不需要下属参与。此类低频工作如果都允许下属观摩或给下属讲解，那么将增加管理成本，会给管理者带来工作负担。

指导主要是通过管理者给予下属具体的帮助，以下属为主体来处理和完成相关工作，适用于整体风险较低，员工自身能力还不能完全胜任的工作。

在此类别中，如发生频率较低且下属意愿较高，适合运用指令的方法，由管理者指挥下属完成工作。因为此时下属的意愿度较高，他也清楚自身能力上的差距，愿意配合和服从，所以采用指令式，能完全按照管理者的要求完成工作步骤。

如发生频率较高且下属意愿度也较高，适合运用说服的方法，由管理者向下属详细讲解如何完成工作，以及其中的缘由，让下属从知和行两个方面完全接受和明确管理者意图。那么，为什么在频率低意愿高时不采用此方法呢？主要原因还是与下属的能力有关，当其能力未达到相关要求时，不一定能够完全理解管理者要讲解的相关内容。

如发生频率较高且下属意愿度较低，适合运用征询的方法，由管理者向下属征询完成工作的想法，以提升其意愿，但因下属能力有限，给出的方法不一定有效，因此，最终仍由管理者决定如何完成工作。

如发生频率较低且下属意愿度也较低，适合运用分享的方法。指导下的分享与独断下的指导相比，在细化程度上要有所提高，因为此类工作整体风险较小，更适合放手让下属在短期内完成。

辅导主要是以管理者为主体，借由高风险的具体工作来辅导训练下属，以便使下属在未来的工作中能够胜任。适用于整体风险较高，员工能力可以胜任的工作。

在此类别中如发生频率较低且下属意愿度较高，适合运用征询的方法，启发下属的相关意识和思维。

如发生频率较高且下属意愿度也较高，但因风险是很高的，此时将工作完全交给下属去做是不合适的，因此可将此工作进行分解，采用分段授权的方法交由下属完成，我们把这种方法称为分权。由下属完全负责高风险工作中可控制可承担的部分。

如发生频率较高且下属意愿度较低，从辅导下属的角度出发，此时应该让下属更多地参与进来，倾听下属的想法，以提高其意愿度，同时还要考虑到工作的高风险性，所以此时适合运用合议的方法。

如发生频率较低且下属意愿度也较低，适合运用说服的方法。但此时的说服的目的是辅导下属，让下属充分了解管理者意图和方法，并不是由下属直接来操作，这一点与指导类别中的说服还是有些区别的。

授权主要是以下属为主体，由下属自己来处理和完成相关工作，适用于整体风险较低，员工能力可以完全胜任的工作。

在此类别中，如发生频率较低且意愿度较高，此类工作适合采用过问的方法，整体工作将由下属完成，但因为此类工作频率低，不经常出现，相关经验不易于积累，所以管理者要在该工作的关键处给予意见。

如发生频率较高且员工意愿度较高，适合采用交出的方法，完全交由下属来负责此工作。管理者此时的工作主要是布置工作、提出要求以及最后验收。

如发生频率较高而下属意愿度较低，适合采用咨询的方法。此时提高下属的意愿度是问题所在，所以要多倾听下属的想法，而管理者自己在此时要将自己当成咨询顾问，从专业的角度给出意见，尤其是有关风险的提示，但最终的处置方法还是要以下属的意见为主。

如发生频率较低且下属意愿度也低，还是要多倾听下属的想法，让其发挥能动性，以提升下属意愿度。所以，合适运用征询的方法，管理者确认方法没有问题后，交给下属去实施。

上述就是关于授权的四类十法，我们用最简单的语言对十种方法进行了总结，以便于更好地理解、记忆和应用。

观摩：领导做，下属学。

分享：领导讲，下属记。

指令：领导自己说，听领导的。

说服：领导下属有共识，听领导的。

征询：领导下属一起说，听领导的。

合议：领导下属一起说，听双方的。

过问：关键时刻领导说，平时听下属的。

咨询：领导下属一起说，听下属的。

交出：领导管头管脚，下属从头管到脚。

分权：工作再细分，分段授权限。

举个生活中的例子方便大家理解。小学三年级的孩子在学校上了家政课，学习了如何做牛肉面，孩子回到家里要给全家人做牛肉面。那么，家长要怎么办呢？对孩子说："宝贝你太棒了！你长大了，可以帮父母分担了，快去做吧，我们就等着吃了！"然后一边玩手机一边等面吃？还是对孩子说："唉哟！这可不行，煤气多危险啊，动刀切到手怎么办？快别想了，等你长大后再给爸爸妈妈做牛肉面吧，你现在的任务是学习，快回房间写作业去！你想吃牛肉面，爸爸妈妈晚上就给你做。"然后撸起袖子开始做牛肉面。这时要怎样做才是对现在、对未来、对结果、对孩子更好的呢？

首先还是要对事的因素和人的因素进行判断。对于多数家庭而言，让三年级的孩子做饭这个事的频率基本是低的，至于风险高与低，这一点可能会有很大的不同，有的家庭认为刀、火和热水都是高危事项，有的家庭会认为风险是有的，但对于有着一定危险教育的孩子而言，风险是可控的，属于低风险。再看人的因素，孩子才学过怎么做，并不代表很熟练，所以能力方面是低的，但此时意愿度却非常高。做完上述的判断后，对照上文四类十法的表格，此时家长们会有两个主要的判断，一种是认为高风险的，处在独断类别，属于绝对不能让孩子去操作的，孩子要吃牛肉面，家长给做就好了。那结果可想而知，如果家长是这样操作的，孩子的积极性会受到怎样的打击。另一种是认为低风险的，处在指导区，适用于指令式，根据指令式简单的记法：领导自己说，听领导的。结果就是由家长一步一步去指挥孩子操作，孩子很开心地看到了自己的劳动成果，会进一步激励孩子的行动力。

再举个工作中的案例。

小张是某银行的理财经理，从柜员岗位转到个金部已经一年多了。在这一年多的时间里，小张不断努力，业务上从不熟悉到熟悉，业绩显著提高，目前在支行里绩效排名前三名。前段时间小张通过自己的努力签下了一个大客户，最近，行里有一个争取某个重要大客户的机会，她的上级领导打算把这个机会给小张，并让她全权负责，也是对她的一种激励。

小张的领导这样安排是否合适呢？如果你是小张的领导，你会怎么做呢？

在决定如何做之前，还是要先判断一下争取这个重要大客户这件事的相关因素。从风险角度上看，搞定重要大客户一定是高风险的工作，这种重要大客户可不是随时都有的，所以频率也是较低的。再看小张个人，在能力方面应该还是较高的，能有机会去搞定重要大客户这也是小张非常愿意接受的工作。结合风险、频率、能力和意愿这四个因素，现在就可以确定具体的方法了，那就是辅导类别中的征询。由小张的上级领导和小张一起聊一聊如何搞定这个重要大客户，重点征询小张的思路和方法，在谈话过程中，发现并改进小张的不足之处，同时启发小张的相关意识和思维，辅助小张一起完成销售任务。

运用四类十法进行授权时要注意到人的能力与意愿度是会发生变化的，员工的熟练度也会使风险由高变低，同时，下属员工在不同的工作中的意愿能力表现也是不同的。因此，什么时候运用四类十法，前提是管理者对工作事件本身和下属情况的准确判断，判断准确了，方法自然就没问题了。

> **思考与练习**
>
> 结合实际工作，你计划将哪项工作交给你的下属去完成？对于这件工作而言，风险和频率如何？你的下属意愿度和能力情况又是怎样的？请在综合判断后选择相应的工作委派级别。

二、支持者的角色

我们在决与策的关系中提到过，下属向上级供策或献策并被采纳，下属自身的积极性会很高，基于这样的事实，管理者要在下属建议献策时、执行计划时给予更多的支持，这些支持主要表现在以下三个方面：

1.认真对待下属的想法、思路、方案

从实际工作出发，如果管理者发现下属的策是有建设性的，认真对待是没有问题的，难的是管理者发现下属很积极，但提的很多想法都不太靠谱。置之不理？不行！直接否定？有损其积极性！给些表扬？其他员工又不赞同。这里分享一位销售经理的做法，供大家参考。

一家做电缆企业负责销售的沙经理召开团队会议，带领销售团队研究下阶段的营销策略，销售经理正在鼓励大家多提想法，这时候有位新员工小刘提了一个在抖音上做推广的想法。这个想法对快速消费品、服务类产品通常会有很好的效果，但对于他们工业品的销售帮助并不大。这时销售经理说：品牌宣传对我们工业品销售还是很有帮助的，刚才小刘就是从这个角度提出了想法，欢迎大家进行补充或是从其他角度想想看有什么好的建议。

这位沙经理对小刘的建议进行了归纳和提炼，不仅正面回应了小刘的建议，同时也启发了其他团队成员。这种对待"不靠谱建议"的方法，管理者们从中是可以借鉴一下的。

2.维护下属的权力和利益

中国自古有句俗语叫"护犊子",指的是家长或是领导对家人和下属的维护。这是管理者面对外部和内部纠纷时的做法,其实更难的是对内部的。结合上文中提到的授权,如果管理者已经全权地授权给下属了,就不要再过多干涉了。同时,答应下属的事也要做到。在有些时候,这些才是下属最想得到的支持。

3.提供必要的资源

关于提供必要的资源,管理者可以通过如下五句对话来表达对下属工作的具体支持:

你必需的资源有哪些?

我这里有哪些资源可以直接帮到你?

你希望这些资源什么时候到位?

还需要我支持你什么?

有什么问题或困难随时来找我。

当管理者将资源给到下属时,如果发现下属确实有需要,那么还要给出一些有效利用资源的具体建议,更好地做到授人以鱼和授人以渔。

三、协调者的角色

这里所指的协调主要是对上、下、内、外360度的协调。下属在完成工作的过程中,往往因为流程、分工、信息、职级、能力等原因而出现各种来自组织或是个人方面的障碍,这时就需要管理者从中进行协调了。

管理者进行协调的核心目的是为下属创造良好的绩效环境,有利于下属创造优质绩效。比如各城市建立的一站式办事大厅,我们容易看到和感受到的是跑腿少了，时间省了，效率高了。可在这些背后是政府主导的多部门间的无数次协调，最终才建立起来的统一的服务性平台。我们管理者在日常工作中就是要起到类似的这些作用。

四、替补者的角色

团队是由多种角色构成的，团队的力量也正源自于此，是在共同价值观、目标的基础上，因角色、职责和性格等方面的差异而形成的力量。这种角色的划分不仅是层级上、职能上的分工，在团队内部也会有横向的角色分工。也就是在面对一件工作时，团队成员对自己在此工作中的定位是怎样的。我们将团队内部横向的角色分为：推动者、执行者、分析者和支持者四种。高绩效的团队中这四种不同的角色都会出现，并表现出不同的行为。

推动者：这种角色不满足于现状，会提出行动目标，关注方向。

执行者：这种角色会想办法将行动目标变成现实中的结果，关注落实。

分析者：这种角色经常从非常客观和宏观的角度看问题，会提出改进方法，也会提出顾虑，关注行动与目标的一致性。

支持者：这种角色更多的是鼓励他人的想法与行动，润滑团队关系，关注团队氛围。

现在，管理者可以以一项工作任务为实例，思考一下，团队中这四种角色都具备吗？通常管理者在审视团队内部角色时会发现以下四种现象：

1.角色齐全

团队内部集思广益，合作情况良好。推动者提出想法，执行者马上给出行动方案，分析者发现漏洞给出建议，支持者表示赞同。

2.缺少一种或多种角色

团队缺少推动者会止步不前，缺少执行者会一事无成，缺少分析者容易走进误区，缺少支持者团队氛围会很紧张。

3.减弱一种或多种角色

这种现象与上面的缺少不同，是各角色的功能发挥得不够充分，不够坚定，此种现象持续下去，最终也会导致一种或多种角色的缺失。

4.偏重一种或多种角色

这种现象与第三种现象刚好相反，是某一种或多种角色过于强势，比如分析者和执行者过于突出就会发生争吵，执行者强调行动胜于一切，分析者坚称思路不对努力白费。最终也会导致一种或多种角色的缺失。

综上所述，团队中的角色是需要动态平衡的，而要去进行平衡的第一责任人就是团队的管理者。管理者要经常关注团队中角色的平衡情况，当出现缺少、减弱、偏重一种或多种角色时，适时替补所需要的角色，更好地发挥团队成员的作用，达成更优绩效。

管理者做好目标、计划以及服务工作，下属便开始产出更多的绩效。但绩效的结果是否都是令人满意的呢？如果出现偏差要怎么处理呢？接下来，便是调控职能了。

思考与练习

1.请评估你在服务者各类角色中的得分，其中1分最低，10分最高。

授权者：① ② ③ ④ ⑤ ⑥ ⑦ ⑧ ⑨ ⑩

协调者：① ② ③ ④ ⑤ ⑥ ⑦ ⑧ ⑨ ⑩

支持者：① ② ③ ④ ⑤ ⑥ ⑦ ⑧ ⑨ ⑩

替补者：① ② ③ ④ ⑤ ⑥ ⑦ ⑧ ⑨ ⑩

2.你所领导的团队中推动者、执行者、分析者和支持者是否都具备呢？如果某种角色太强或缺少某种角色，你会怎么办呢？你所在的企业在用什么方法来进行目标分解？

不能没有调控

调控的核心是纠偏，在管理中主要指管理者运用多种手段对绩效的达成过程进行调节和干预，以保证最优绩效的产生。如图 2-9 所示，坐标 X 轴代表时间，Y 轴代表目标偏差程度，如果工作出现偏差，不能及时纠正，那么时间越长出现的偏差也就越大，如线 A 所示，以至于最后到了无可挽回的地步。如线 B 所示，如果能够及时发现偏差度并及时纠正，即使出现一些小问题，但最终的绩效还是可以保证的。

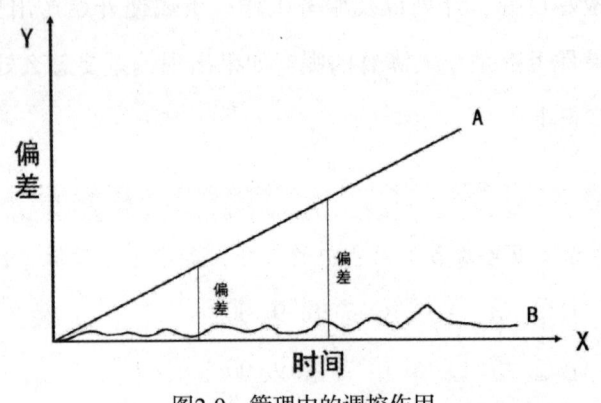

图2-9 管理中的调控作用

在日常工作中，管理者需要关注六个方面的偏差，包括目标偏差、质量偏差、进度偏差、预算偏差、流程偏差和行动偏差，这些偏差主要与计划的核心要素相关，其中要特别说明的是流程偏差。

流程偏差经常会被管理者忽略，有的管理者片面强调执行力，只关心结果不关心过程，这实际上是管理行为中非常大的误区，好的过程不一定能有好的结果，但不好的过程不会有好的结果。流程出现偏差，但是结果正确，那只能是偶然情况，管理者不能靠偶然治理团队，任其顺其自然。

调控在具体方法上主要靠制度以及追踪两大方面。

制度是调控工作及至组织经营管理的基础，一份能够被执行的经营管理制度必须包括文本、人员分工、操作流程、执行标准以及表单五大部分。文本是指制度要通过文字为载体进行呈现和明确。人员分工是指制度由谁撰写、由谁审批、由谁执行，相关的主体责任是如何明确的。操作流程是指先做什么，后做什么，以及怎么做。执行标准是步骤的规范是怎样的，做到什么程度。表单是执行落地的凭证，比如高铁、KFC卫生间的背后通常都贴有一张卫生检查表，这份表单就是卫生检查制度的最终体现。

以考勤制度为例，几乎所有的公司都会有一份考勤制度，上面会写清楚事假、病假、年假、婚假由谁来审批，由谁来存档，1天、3天、10天的假期一般审批人是不一样的，比如10天的假期一般由请假人申请，主管领导审核，间接上级审批，这就包含了分工、流程和标准。当然还少不了"请假单"，这份"请假单"就成为员工请假的凭证，通过"请假单"最终体现了制度上的相关要求。

这里重点说一下流程和标准。

管理学中有一段著名的管理法则：复杂的工作简单化，简单的工作标准化，标准的工作流程化，流程的工作工具化，从中可见标准与流程的重要性。

将流程和标准结合在一起，被称为SOP（Standard Operating Procedure，标准作业程序），是组织对绩效实现过程进行调控的重要方法和工具。通常在一份SOP中包括步骤、标准和注意事项三大部分。

我们以某酒店客房服务员进出门程序为例来进行说明，如表2-14所示：

表2-14 酒店客房服务员进出门程序

进出门程序		
步骤	标准	注意事项
1.整理仪容	身体站直，面带微笑 目光平视，表情自然	进入房门前，略微整理头发和制服
2.1 8:00-22:00 进门：三敲两报	用中指关节第一次敲门，敲3下，自报一次身份："您好，服务员"；3秒后，第二次敲门，再敲3下（此次敲门后不用再报身份）；3秒后，开门至30厘米后，第三次敲门，敲3下，再重复："您好，服务员"。再轻轻推开房门，进入房间	每次敲门后，都需要仔细听房间内是否有声音，做到注意力的集中； 夜间敲门注意声音不要太响
2.2 22:00-次日8:00 进门：两敲一报	用中指关节第一次敲门，（此次敲门后不用再报身份），3秒后，开门至30厘米后，第二次敲门，敲3下，自报一次身份："您好，服务员"，再轻轻推开房门，进入房间	
3.记录	进门前记录进房时间	此项工作事后不能补做
4.进门：礼貌招呼	如有客人，应打招呼，并征询是否可以打扫 如果客人暂时不需要打扫，则礼貌致歉，退出客房，在工作单备注中记录。两小时后再电话征询客人意见	
5.出门：检查	检查保洁工具或维修工具，有无遗留在房内。	
6.出门：征询	有客人的时候，工作结束要询问客人是否需要其他服务	
7.出门：道别	礼貌道别："先生/小姐，祝您愉快，再见！"	
8.出门：关门	倒退出房门，轻轻为客人关好房门；并轻推门确认关好	
9.记录	记录出房时间，核对房态，记录清洁客房所耗物品	

在这份"客房服务员进出门程序"的SOP中，详细说明了工作步骤、标准以及相关注意事项，可以有效帮助员工，尤其是新员工快速掌握工作要领，达到绩效要求。在条件允许的情况下，操作类工作可以附上照片，

帮助下属更好地理解相关标准和动作规范。

一份有效的 SOP 还应该对工作中出现的特殊情况做出说明，这也是调控工作中重要的一环。还是以上面的客房服务员为例，看一下在打扫房间时，发生一些特殊事件时要如何处理，比如：打扫卫生时客人回来了，如何处理？如表 2-15 所示：

表2-15 酒店客房特殊事件处理流程说明

怎么做	为什么
请客人出示随身携带的钥匙"您好！先生/小姐，为了住客的安全，我必须查验您的门卡。" 试用客人的钥匙开门。 客人随身携带的钥匙可以开门，则向客人致歉："对不起先生/小姐，给您添麻烦了，我现在可以继续打扫房间吗？……钥匙帮您插在取电开关里，好吗？"	服务员打扫房间时房门是开着的，任何人都可以进入，必须确认客人的身份
客人没有随身携带的钥匙，先问客人姓名："您好！先生/小姐，能否告诉我您的全名？" 客人报出名字后，请客人出示房卡或有效证件，打电话到总台核对； 核对准确，则向客人致歉："对不起先生/小姐，给您添麻烦了，我现在可以继续打扫房间吗？" 核对不准确，则请客人出门："对不起，先生/小姐，请您先到总台办理入房手续。"	客人没有随身携带的钥匙，你不能确定进来的就是住店宾客，为了客人的财产安全，必须确认客人的身份

思考与练习

请列出你认为有必要编写 SOP 的工作事项：

_____

_____

追踪也是调控的重要手段。管理者对工作过程和结果的追踪可以选择通过"两板两会"来进行。所谓"两板"是指重点工作看板和绩效看板，"两会"是指专项业务会和例会。

让下属时刻知道工作方向和重点是什么,这是追踪的前提。

在2019年,58同城网站进行整体战略转型之际,提出了全力打造三全生态系统(N+)的"全力以服"战略,并将这一战略通过多种形式在外部与内部进行传播。再比如,当我们进入到其他一些企业时,也会在宣传栏、电子屏、办公系统页面、各种横幅上看到这家企业当前的重要目标以及相关口号,这些都属于重点工作看板。我们在计划章节讲过的"协同计划表"也可以作为管理看板来使用。

绩效看板在日常工作中其实运用的也很多,比如说很多销售型企业内部的业绩墙、红黑榜,生产型企业的产能和消耗看板都属于典型的绩效看板。绩效看板可以使员工及时清晰地了解团队绩效和个人绩效情况,提醒员工时刻发现差异并注意持续改善。

专项业务会是管理者为解决单一主题问题所召开的,可有效解决传统会议人多事杂的问题,是管理者对重要工作进行追踪的主要工具。比如有些企业召开的产品上市准备会、设备检修统筹会、应收款分析会等。召开专项业务会要严格遵守有事有会、有会有议、有议有决、有决有行、有行有果的原则。通常这种类型的会议情况是"领导往多说,下属不多说,领导一少说,下属就不说"。实际上,管理者通过专项业务会进行追踪最重要的目的是了解目前工作的整体状态,和团队成员共同制定解决办法。基于此,管理者在专项业务会上应该成为一个推动者、引导者,而不是主力输出者。在业务专项会上,管理者可以尝试用以下的话术来推动或是引导会议的进行:

关于这个问题,还有哪些信息被遗漏了?
还什么好的方法可以尝试?
这些方法好的与不好的方面有哪些?

其他人还有什么补充吗?

现在的结果是不是就是最后的结论?

如果换个角度看会怎么样?

再深入思考下,会是什么结果?

还有什么要总结的吗?

看来我们可以结束这个问题的讨论了。

让我们确定一下具体分工吧。

例会也是管理者最熟悉的会议类型了,在这里我们不做过多的说明,只是要提醒管理者在召开例会时,尤其是晨会时只要关注工作进展就可以,不要对员工进行批评。

随着移动互联网的发展,网络办公与基于网络的办公软件应用也越来越多,管理者通过信息化的途径可以轻易发现工作中的偏差,并做出具体的调控反应。

当调控工作结束后,下属的绩效也基本被确定了,此时就需要对下属的绩效做出评价。那么,如何做好绩效评价工作,并借由绩效评价来帮助员工成长和获得未来绩效的提升呢?

绩效评价要怎么做

绩效管理一直是让管理者非常头疼的工作，它的定义与我们在企业内调研中得到的结果往往有着很大的差异，这些差异也是造成管理者头疼的主要因素。我们先来看一下绩效管理的普遍定义：

绩效管理是通过对企业战略的建立、目标分解和业绩评价，并将绩效成绩用于企业日常管理活动中，以激励员工能力和业绩持续改进并最终实现组织战略以及目标的一种正式管理活动。

在这段话中主要包含有两个方面的意思，一是绩效管理怎么做，二是绩效管理的作用。在绩效管理的作用中也有两个意思，对企业是"最终实现组织战略以及目标"，这一点很好理解。但对员工的作用是什么呢？

我们在企业内部调研时问一些中高层管理者实施绩效管理的目的是什么？有很多管理者的回答是激励，奖优罚懒，而我们将同样的问题问他们的基层员工时，很多基层员工的回答是：变相扣钱！实际上，绩效管理对员工有两个作用，一是激励，二是业绩的改进，并且是持续的改进。可是为什么实际情况却变成了变相扣钱了呢？如何体现出持续的改进呢？这还要先从绩效管理的流程上说起，如图2-10所示。

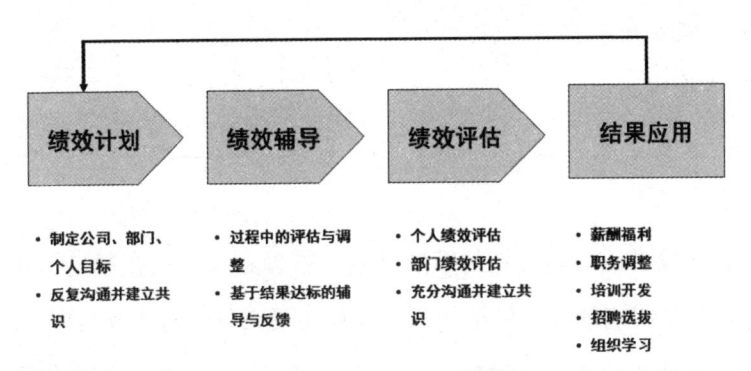

图2-10 绩效管理的实施流程

如上图所示，绩效管理在实施的流程中分为绩效计划、绩效辅导、绩效评估和结果应用四个部分。我们通过两个例子来描述一下这个过程。

一天早上出门的时候，老婆让老公下班回家时买些车厘子回来，老公欣然领命。这是不是在做绩效计划呢？不急，我们通过这位老公的行动来验证。老公下班还真没忘，买了两斤回家。结果老婆一看，很生气地对老公说：

"你买的这是什么呀？"

"大樱桃啊。"

"我不是让你买车厘子吗？"

"一样的东西，一个叫樱桃，一个叫 cherry，英文汉化版而已，名字不一样而已。"

"这怎么能一样，车厘子是进口的，从外形到口感都是不一样的，而且你就买了这么少够谁吃啊？！"

这两口子后面怎么解决我们暂且不管，过了几天，老婆又让老公下班买车厘子回来，老公会怎么做呢？

这回他学聪明了，直接问老婆："是买车厘子不是大樱桃，是吧？"

69

"对，买车厘子。"

"买多少？"

"孩子爱吃，明天上学也要带，你多买些，买上三斤四斤都可以。"

上面这段对话才是有效的绩效计划。管理者与下属在制定绩效计划时双方都要非常明确绩效目标是什么，并且还要充分沟通达成共识。这一点，是目前很多企业无法完全做到的，因为，目标就在那里，不管你是否愿意接受，基本属于强制性接受。

绩效计划做好以后还要有绩效辅导。

老公明确买车厘子的目标后，老婆问他：

"你知道如何区别车厘子和樱桃吗？"

"直接问卖水果的就好了。"

"万一他欺负你不懂怎么办？来，我告诉你它们之间的区别是什么吧，车厘子颜色暗红，樱桃一般是鲜红，车厘子果肉比较厚，更甜，樱桃果肉薄，有酸味。在咱们家小区出门往东走200米，有一家鲜丰水果店，那里价格公道、童叟无欺，你就去那里买吧。"

上面这段对话其实就属于绩效辅导了，绩效辅导一般是在绩效实现过程中，由管理者与下属进行沟通，对下属当前的态度、行为进行反馈和辅导，以尽可能避免下属绩效不达标的情况发生。

继续车厘子的故事。

老公在经过培训后，果然买回来了让老婆满意的车厘子，老婆直接给出了"真棒"的优质绩效评价，老公对此没有任何异议，认为自己值得这个评价。这个过程叫作绩效评估，不但要由管理者给下属做出最终的评估，还要双方能够达成更多的共识。最后，绩效结果还可以应用在薪酬福利、职务调整、招聘甄选和培训开发方面，还有后面会提到的工作改善。

如果给车厘子故事划个句号的话，那么绩效结果应用就是老婆以后可以放心地让老公去买水果了，给了老公更多的财务权限。

大家明白了这四大流程间的关系后，我们再来看企业中真实发生的事件。还记得上文中那个农化行业的A公司吗？

A公司要实施服务带动销售的策略，在全国范围内需要新招聘30名农技服务人员，人力资源部的吴经理将这个目标作为招聘专员马晓菲的季度KPI考核指标。吴经理与马晓菲进行了充分的沟通，马晓菲也清楚农技服务人员对公司的重要性，也同意将招聘到岗率90%作为季度考核指标，并占当季度整体考核分数40%的权重。一个半月过去了，吴经理发现马晓菲招聘到岗率只有30%，按照这样的情况发展下去，招聘到岗率这个指标肯定是完不成，于是，吴经理与马晓菲非常正式地谈了一下。

吴经理很直接地开了场，"晓菲，我看了一下你到目前为止的绩效情况，其他指标都挺好，就是这个招聘到岗率才完成30%，这样下去，你这个季度的绩效就完不成了。我看你平时花钱就是大手大脚的，没了绩效奖金，好吃的好玩的可就危险了。再说，以你的能力不至于出现这样的结果啊，怎么回事呢？你觉得哪里做得还不够吗？或者哪里有问题，你今天和我说说，看我能不能帮上你什么。"

马晓菲说道："领导，你今天不找我，我也要找你说这事的，为什么招聘到岗率这么低，当然，这其中肯定有我方法少的原因，但还有两个客观原因我要说一下。第一个原因是，公司让马儿跑还不给马儿吃草，咱们现在面对的情况是多省份同时招聘，我现在的招聘费用严重不足啊，我没钱做招聘广告，这分母有问题，分子当然小了，你看看我的朋友圈就知道了，我现在天天在朋友圈发信息：万能的朋友圈啊，我这里有坑，来个萝卜吧！"

吴经理听完，对马晓菲说："晓菲啊，你说的确实是个实情，这样，你这两天抓紧时间提交一个招聘费用的申请，我也和领导去商量一下，看能不能申请些费用出来，不过，在费用没批下来之前，我们看看能不能从其他渠道进行招聘，比如内部介绍、历史简历库等方式，一会我们聊一下。对了，你刚才说有两个原因，第二个原因是什么呢？"

"领导，第二个原因才是最大的问题，咱们公司虽然是一家民营企业，但咱们吸引人的优势其实也挺多的，比如说咱们公司的试用期只有一个月，很多应聘的人都很喜欢。也就是说从制度和设计层面上没问题，但问题出在下面。"

"出在下面？你详细说说。"吴经理拿起笔开始做记录。

马晓菲继续说道："上个月咱们在佳木斯农校招聘的那位学植保的小韩，你还记得吧？无论是专业方面还是个人能力方面都非常好，十天前结束岗位培训派到市场去了，前天却辞职了。我问了好几遍原因，才和我说实话，他们在公司培训时说的都挺好，下边条件有时差一些也能接受，可他受不了一线业务员总欺负他们，他也知道要和经销商搞好关系，可是业务人员总以维护客情的理由逼他们和经销商喝酒。还让他们填写一些应该由销售人员填写的报表，小韩说实在受不了，就辞职了，而且他还说，一下市场，能不能适应和留下来可以用八个字来形容：野蛮生长、自生自灭。不仅是他，还有几个省区的农技服务员也和我反馈过类似问题，领导，你说咱们这边不停地招聘，业务那边一个一个往外赶，咱们到岗率的指标按转正算，这不到一个月，人走了不少，我这指标怎么能完成啊？！"

吴经理对马晓菲说："晓菲，我最近一直在忙薪酬的事，对你这边的工作关心少了，你说的情况我也多少有些耳闻，以为是个别的，今天听你介绍后，看来这个问题还很普遍，招聘绝不只是咱们HR的事，这个问题必须要解决一下。"

吴经理思考片刻，接着说："这样，下周侯总到咱们部门来开会，在会上我找机会开个头，你多准备一些翔实的资料，到时候再把情况详细地说明一下，同时，你也会同培训部门一起制定个工作指导人方面的方案，争取在会上赢得侯总的直接支持。不过，农技服务确实要和经销商打成一片，只不过要注意方式和方法，这一点上，我能理解业务部门。从明天开始，你在招聘时多关注一下应聘者的人际交往能力，同时也给他们提前打好'预防针'，然后在人员下市场后，你也主动关心一下。事前叫预防，事后怎么解释都显得没有力量……"

马晓菲在与吴经理沟通后，决定按她和领导一起商定的内容去执行，她觉得工作上多了些小挑战，不过，她挺喜欢这种感觉的，更喜欢的是这种团队工作氛围。

从吴经理和马晓菲上述的对话中我们发现，绩效计划、绩效辅导、绩效评估都是通过一对一的沟通来实现的，吴经理对马晓菲绩效的评价也是从如何帮助马晓菲提高绩效成绩这个点出发的。这样下来，马晓菲对绩效的感觉就不是变相扣钱了，而是发现来自领导的帮助，是为了实现持续的改进。

通过上述案例，大家应该可以更好地理解绩效评价的重要性了。绩效辅导、评估这两项内容中都包含有沟通的部分，也可以合并称为绩效沟通。从本质上讲，以沟通为主要形式的绩效评估是管理者日常管理中最重要的工作之一。

思考与练习

绩效计划、绩效辅导、绩效评估和结果应用这四个流程，企业或者你个人都做到了吗？哪一个环节还可以再加强一些？

管理者在进行绩效沟通前，充分的面谈准备将帮助管理者事半功倍。面谈准备主要包括时间准备、地点准备、资料准备和策略准备。

首先，时间准备。

通常情况下，绩效沟通的周期要比正式评估周期低一级，如果正式的绩效评估是以季度为周期，那么绩效沟通则是以月为单位；如果正式的绩效评估以月为周期，那么绩效沟通则是以周为单位。管理者至少要提前一天和下属员工确认具体的面谈时间，如果企业内部有明确的面谈时间规定，那么将更有利于双方进行提前准备。

每次绩效沟通的时间一般为 45~60 分钟，具体时间不宜安排在上午或下午下班前。如果安排这个时候进行沟通，那么管理者和下属员工很有可能因为急于下班而敷衍了事。建议安排在下午上班后，绩效沟通结束时间与下班时间间隔一小时为宜。

其次，地点准备。

正式面谈地点一般选在管理者独立的办公室、小型会议室和会客室等一些相对安静的地点，尽可能选择双方都比较熟悉的场合。吵闹、嘈杂等易受打扰的环境会分散面谈双方的注意力，同时也可能会引起下属的某些顾虑，不利于下属描述事实以及表达真实感受。对面谈后情绪较失落的人员，管理者可选择一些非正式面谈的地点安抚和鼓励下属，如咖啡厅、小酒馆等。

这里需要特别提请某些劳资双方关系紧张的企业注意，管理者在与个别"刺头"下属进行面谈时要格外注意，这并不是危言耸听。我们建议管理者们在遇到有风险的面谈对象时，可以在有玻璃隔断的房间进行面谈，或者将门打开三分之一，当然也可以选择录音，总之，管理者们要学会保护好自己。

然后，资料准备。

在说明需要准备的资料之前，我们先探讨一个问题，绩效评估的分数应该是打出来的还是算出来的？如果分数是由管理者来打分，那么很容易将管理者与下属变成对立面，因为打分的过程包含了太多的主观性，容易造成评估结果的不客观。只有分数是算出来的，才能体现分数的客观性，才能让分数不以人的意志而变化。那么，怎样才能做到铁证如山呢？这就需要一些客观证据了，也就是相关表单。在前面介绍调控的章节里，我们介绍过表单是制度能够被执行的五大部分之一。所以，绩效的数据来源是管理者在面谈前要准备的第一项资料，这将让管理者更具权威性。

除了具体的数据来源表单，管理者还需要准备的重要资料有：

1. 员工绩效成绩表
2. 《绩效合约》或绩效计划表
3. 从其同事、客户等处收集到的员工个人工作表现情况
4. 员工高分、低分项目的翔实资料
5. 《员工关键事件记录》

《员工关键事件记录》中记录的是员工在企业成长过程中所经历的一些成功、失败的重要事件，通过文字及图片的形式进行记录，以便进行后期的复盘总结，建议企业人手一份，随员工档案进行存档。

最后，策略准备。

策略主要指要运用何种方式与员工进行面谈，好的策略准备是保证面谈成功的重要保障。进行策略准备就是要结合员工的行为特征或是性格特

点。管理学的背后是行为学，行为学的背后是心理学，心理学的背后是哲学。绝大多数的管理者目前还不需要去研究哲学的尽头到底是什么，但行为学和心理学是一定要去了解的。行为特征或性格学是心理学的重要分支，我们强烈建议管理者们能够选择一门行为或性格的分类方法，然后掌握及至精通，这将非常有利于管理者们与他人进行沟通。

本书以 PDP（Professional Dyna-Metric Programs，行为特质动态衡量系统）行为特征为例说明一下与不同类型的人进行面谈时，要采用的相关策略。如图 2-11 所示，PDP 将人的行为特征根据事与结果、人与感受、快与变化、慢与稳定分为了五种，即老虎、孔雀、考拉、猫头鹰和综合型的变色龙。

图2-11　行为特质动态衡量系统的划分维度与沟通策略

在这里不对各行为特征进行系统解析，只做简单描述。

关注事和结果，喜欢快速和变化，属于老虎。这种类型目标感十足，自我意识强烈，做事喜欢直接果断。如果你的人生走到岔路口，不知道往东还是往西，那么你问老虎该怎么选择，老虎大概率会给你一个非常明确的答案，要么往东要么往西，不犹豫，面对工作方案通常是二选一。和这种类型的员工面谈宜采用成就策略，直截了当地谈目标、谈要求、谈结果。

老虎有个邻居，和老虎一样的地方是都只喜欢快和变化，但和老虎不同的是其更关心人的情绪和感受，会以人为中心，这种类型属于孔雀。孔雀喜欢与众不同，爱面子，表达能力很强，喜欢被肯定，面对工作方案通常是希望有更多选择。如果你在人生路口选择时问孔雀往东还是往西，孔雀很可能会问你为什么只能是东和西？要是让孔雀来选，会选南或选北，选上或选下。你和孔雀说我在石家庄公安局有一朋友，孔雀说河北省公安厅我有一哥们儿；你说我前几天有个事很倒霉，孔雀说你那个不算什么，我有个事更倒霉。总之，你和孔雀比好，它比你更好，你和它比惨，它也要比你更惨。孔雀在人群中还是比较好发现的，孔雀如果要去健身、骑车、练瑜伽，第一件事通常是先买装备，看上去要非常的专业，要像回事，至于练的怎么样，那是另外一回事。和孔雀型的员工面谈宜采用和谐策略，就是多肯定对方，表达欣赏，注重对对方情感的关注。面谈时可以先从一起共同经历的事情开始，往往会收到良好的效果。

孔雀有个邻居和它一样，很关注人的情绪和感受，以人为中心，不同的是它对外界反应慢，不喜欢有太多的变化，这种类型属于考拉。考拉不喜欢面对复杂的人际关系，不喜欢选边站队，决定好的事情不希望再做什么改变，安稳很重要，希望获得更多的安全感，喜欢沉稳和团队协作，面对工作方案通常是二合一。如果你在人生路口选择时问考拉往东还是往西，考拉很可能会说，我也说不好，不过，不论你往东走还是往西走，我都支持你。同事们聚餐让考拉点菜，这对考拉而言也是很难的事，考拉会说我都可以，你们点菜就好了，如果一定要逼着考拉点个菜，考拉会选择一道大家都能吃的且价格不贵的菜。和考拉型的员工面谈宜采用安全策略，给予其更多的关心和关注，解决考拉的疑虑。面谈时可以先从关心考拉的生活和工作开始，会收到良好的效果。

接着再看考拉的邻居猫头鹰，和考拉一样的地方是喜欢慢和稳定，不一样的是猫头鹰更关注事和结果。这种类型是谨慎的、专业且执着的，做事喜欢精准，一丝不苟，面对工作方案通常是一就是一，二就是二。如果你在人生路口选择时问猫头鹰往东还是往西，猫头鹰可能会先问你为什么往东？为什么要往西？然后帮你分析往东会怎样，往西会怎样，如果选其他方向又会怎么样，最后往哪里走，你要自己做决定。通常学历层次越高的人和从事技术、风控类岗位时间越长的人，猫头鹰数值越高。猫头鹰数值高的人经常把"那也不一定"这样的话挂在嘴边，这种类型发展到极致通常被现代人说成"杠精"。和猫头鹰型的员工面谈宜采用理性策略，要运用更多的事实、数据来得到对方的认同，同时，猫头鹰型下属对上级领导的专业要求也较其他类型要高很多。

最后，是这几种类型的综合体——变色龙。变色龙混合了上面四种类型的特点，典型的优点是灵活、适应能力极强，非常清楚在什么场合要说什么话做什么事。典型的缺点就是灵活性太强了，往往原则性不是特别好，面对工作方案一和二怎么都可以。如果你在人生路口选择时问变色龙往东还是往西，那么变色龙大概率会先问你更想往哪边走，变色龙会根据对方的情况和选择来决定自己的选择。这种类型的人经常被人们称为八面玲珑。和变色龙类型的员工面谈宜采用平和策略，也就是运用哪种方式都可以，只要是别太过分就可以了。

思考与练习

1. 你个人的行为特征是哪一种类型呢？这种行为特征的优点和缺点分别是什么？

2. 请逐一判断一下你下属的行为特征。

时间、地点、资料和策略准备都做充分后，就可以开始进行具体的面谈。

面谈时有一个细节是需要注意的，那就是座位的安排，下面有三种座位安排的方法，如图 2-12 所示：

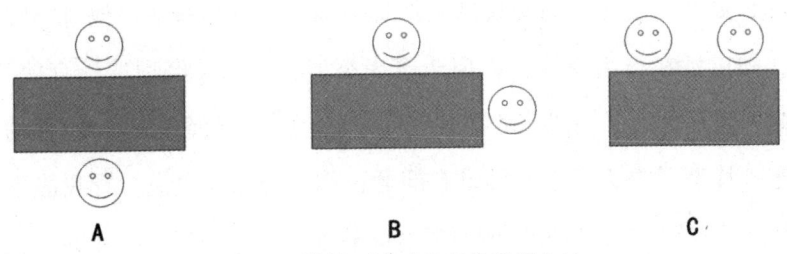

图2-12　绩效面谈时的座位安排方法

图 A 是管理者在办公室中常用的座位安排方法，但这种座位安排会显得面谈有些公式化了，有可能让下属感觉到生硬，不建议选择此种座位安排方法。

图 B 的安排就自然了很多，会让下属觉得亲切，便于双方更好地进行交流，建议管理者选择。

图 C 的安排比图 B 还要显示出亲密和友好，但若上下级间并不熟悉或是异性间不建议采用此种座位安排法，因为对于他们而言，这样的座位安排方法反而会让双方觉得有很大的压力、局促和紧张。

就具体的面谈而言，管理者们可以参照以下三个步骤进行绩效评价：

第1步：告知结果，自我评价

以往的管理学观点提倡运用"三明治谈话法"对员工进行反馈。比如，小张你这段时间工作做得很不错，提出表扬，但是……还有不足要改正，总的来说你在……方面还是可以的，要继续。先表扬、再批评，接着再表扬，这就是曾经风靡一时的"三明治谈话法"。但这种方法对于现在这个时代的年轻人而言，已经不那么有效了，很多下属员工和领导谈话，只要一听领导开场表扬，就已经做好了迎接"但是"的准备，所以，"三明治谈话法"已经大打折扣了。尤其是对于那些自觉成绩还不错的员工,开始听到的是领导的认可与表扬,接下来反而变成了不足和批评,这样的落差很容易造成面谈结果的不愉快,往往事倍功半。

在上文中A公司人力资源部吴经理与马晓菲进行谈话,他对马晓菲很了解,知道她在行为特征方面属于老虎类型,所以吴经理选择直接开场,先直截了当地告诉了马晓菲的绩效完成情况,然后吴经理说:"以你的能力不至于这样啊,怎么回事?哪里有问题,你今天和我说说,看我能不能帮上你什么。"请注意,这段话的背后意味着他首先是信任马晓菲的,也给马晓菲解释、说明和表达自己感受的机会,同时也通过询问来了解更多的信息,有助后面制定相关行动方案。于是马晓菲开始说明相关情况,这时候吴经理要做的就是倾听。倾听的关键是接收对方的所有信息,并不是要求全盘的接受,接收是无选择的,而接受是有选择的。同时,在下属汇报时不要做任何评价,一旦评价了,双方很可能就陷到当前话题上了,并且容易发生争执。案例中吴经理这样的谈话方式是值得管理者们参考借鉴的。

归纳起来,在"告知结果,自我评价"环节中,管理者要做的工作如下:

1. 告知绩效考核结果。

2. 在员工汇报时注意倾听,不清楚的及时询问。

3. 做好记录。

4. 不做任何评价。

下属要做的工作如下:

1. 简要汇报工作完成情况。

2. 汇报影响绩效的主要因素。

3. 自评个人表现,优点和不足。

第2步：关注行为，给予反馈

在日常工作中，管理者对员工行为主要有三种反应：奖励（正向反应）、惩罚（负向反应）和没反应。这里面最伤人的反应莫过于没反应了。可以想象一下夫妻二人下班回到家，一句话没有，都对对方毫无反应，这样的婚姻关系就变得十分危险了。同样的道理，当员工自评结束后，说了工作完成情况、汇报了影响绩效的因素，对个人也做了客观地评价，这时候管理者就必须对下属的行为进行反馈，好的地方必须要表扬，不足的地方也必须要指出来，这就有了面谈第2步的关注行为给予反馈，绝对不能没有反应。

比如老婆不在家，平时不怎么干活的老公勤快起来了，做了很多的家务，老婆回来后，老公跑到老婆面前说："我今天把客厅都打扫了一遍！"老婆头都不抬地只是嗯了一声，这种情况基本属于没反应。老婆对老公说："卧室呢？厨房呢？门口这鞋怎么还是乱七八糟的？"这种情况基本属于负向反应。老婆对老公说："我说一进屋怎么觉得不一样呢，真干净！"这种情况基本属于正向反应。

那么，反馈要针对行为还是针对结果呢？回答这个问题前先要明确我们反馈的最终目的是表扬、批评，还是希望好的继续，不好的停止？如果是后者，这就意味着在进行反馈的时候不仅要给出明确的意见，更要指出其带来优质绩效或不佳绩效的具体行为是什么。

具体反馈的方法我们借用ORID（焦点呈现法）的方法。这是一种非常模式化的沟通工具，主要用于两个人之间的聚焦式谈话。在ORID中：

Objective：客观事实

Reflective：感受

Interpretive：思考、意义和启发

Decisional：决定、行动

举例：在这次营销活动中，给你印象最深刻的事情是什么？对此你的感觉或感受如何？给了你哪些启发或者这件事为什么很重要？联系日后的工作，你将如何运用本次活动的经验？

我们将 ORID 用在反馈上，会和原来的用法有一些不同，原来的用法是用于对话，而我们在反馈方面应用时只是一个人的表达模式，并且还要加上几个字：某某，我发现。

举个生活中的例子方便大家理解如何运用 ORID 对他人行为进行反馈。

父亲在家带孩子，午餐给孩子做了一盘西红柿炒鸡蛋。孩子一边吃一边对父亲说："爸爸，我发现，你做的这盘西红柿炒鸡蛋，多半盘子都是鸡蛋，而且块头都很大，还没有那么多的汤，吃起来甜甜的，还有一点酸，爸爸，我特别喜欢吃！爸爸，为什么妈妈每次做这个菜的时候鸡蛋都特别少，汤却很多，吃起来好酸，而且还有西红柿的皮卷在一起，爸爸，你下次也教教妈妈，让妈妈也做这么好吃的西红柿炒鸡蛋！"

我们用 ORID 拆解一下上面的案例。

某某，我发现：爸爸，我发现……

O 客观事实：多半盘子都是鸡蛋，而且块头都很大，还没有那么多的汤。

R 感受：吃起来甜甜的，还有一点酸，爸爸，我特别喜欢吃！

I 思考、意义、启发：为什么妈妈每次做这个菜的时候鸡蛋都特别少，汤却很多，吃起来好酸，而且还有西红柿的皮卷在一起。

D 决定、行动：爸爸，你下次也要教教妈妈，让妈妈也做这么好吃的西红柿炒鸡蛋！

如果你是这位父亲，听到孩子对你厨艺的反馈，一定会很开心的。如果有一天孩子让父亲给他做好吃的，那么父亲大概率会再做西红柿炒鸡蛋，而且，父亲再次做西红柿炒鸡蛋时，他会很自然地想起并重复之前的行为：鸡蛋多、汤少、口味甜酸，并且还要给西红柿去皮。

再举一个工作中的场景案例来说明。

徐经理对小张说："小张，我发现，今天在签下那个基金定投客户的过程中，你先和客户聊家常，了解对方的相关信息，然后分析了客户目前的理财产品结构，还根据客户孔雀型行为特征使用了捧杀策略，最后让客户购买了两个基金定投产品，我觉得你做得特别的棒！小张，KYC（Know Your Customer，了解客户规则）是我们对营销人员的一贯要求，不了解客户，营销就无从做起，对于这个客户，你是如何分析他的信息并采用相应营销策略的呢？来来来，明天早会的时候一定要和大家分享一下。"

通过这两个案例，我们可以发现，明确地反馈出对方的具体行为，会更好地影响到对方今后的行为和结果。

在使用"某某，我发现+ORID"工具进行反馈时，要特别注意 O（客观事实），最难的也是这个 O。在日常生活和工作中，同样是对他人进行赞美或表扬，有的人说话情商高，有的人说话情商低，其实，高与低之间最重要的区别就是赞美或表扬是否是基于客观事实和行为，这一点非常关键。

这就是老婆买了件裙子问老公是否漂亮，老公直接说漂亮，老婆通常会说老公是在敷衍自己的原因了。如果老公让老婆转一圈，上下打量，再看裙子的面料和做工，最后对裙子的很多细节进行描述和评价，表扬老婆真会选衣服，结果就有很大的不同了。

上面讲的主要是表扬，批评或指出不足也是一样运用"某某，我发现+ORID"工具。

徐经理对小何说:"小何,我发现,今天上午在你做厅堂营销的过程中,有一位四十岁左右的大姐,她刚取完号坐在大厅,你就过去问她目前有没有购买理财产品,然后就开始介绍基金业务。在你介绍时,这位大姐有两次已经表达出不耐烦了,你依然继续讲解,最后这位大姐直接拒绝你了。我觉得在这个过程中你太急于求成了,没有按照我们的厅堂营销流程做。你知道吗?在营销前做好KYC是非常重要的事,只有详细地了解对方的相关信息,才能有针对性地提供产品和服务,同时也可以采用差异性的营销策略,这样做起事来才能事半功倍。我希望你在后面的营销中多运用KYC的相关方法和技巧,一会儿我接待一位客户,你在旁边多观察一下。"

卖油翁说,无他,惟手熟尔。工具只有多加运用才能更加熟悉,希望大家能够在生活中和工作中都尽可能多地使用"某某,我发现+ORID"工具。你慢慢就会发现,你的人际关系会变得越来越融洽。

从心理学和行为学的角度上看,行为塑造有四种方式,分别是正面、负面、惩罚和消退。正面是做得对给予奖励;负面是指如果改正了依旧得到奖励,比如我们对孩子说,如果你不再这样做,我还是能原谅你的;惩罚是做错了就给予惩戒和责罚;消退是逐渐减少,以至于忽略。举个生活中经常发生的例子说明什么是消退。

父母经常告诉孩子吃好东西时要与他人分享,于是孩子主动将食物分享给爷爷奶奶,可是爷爷奶奶却说自己不喜欢吃,让孩子自己吃就行了。后来,发现孩子有好吃的再也不给爷爷奶奶了,父母问其原因,孩子说,他们不喜欢吃,给了也不吃,就不给了。所以,作为长辈遇到孩子分享好吃的食物时,该吃就要吃的,即使真的不喜欢,也要告诉孩子不喜欢这种食品的具体原因是什么。

还有一种消退也是值得大家借鉴的。有人在修剪花园，看到旁边有几个孩子在玩耍，就让孩子们过来帮忙，孩子们也开心地来帮着干活了，结束时，这人给了孩子们二十块钱，让他们去买冰激凌，孩子们很开心，既帮助了他人又有了冰激凌。第二天，这人又叫孩子们帮他，结束后却只给孩子们十块钱去买冰激凌，孩子们心里开始有想法了，昨天还有二十，今天就少了一半，但想一想，毕竟还有十块钱，也很开心地走了。第三天，孩子们在帮着这人干完活后，却没有得到一分钱，孩子们心里十分失落。第四天，再叫孩子们来帮忙时，孩子们就嬉笑着跑远了。

不论消除或制止的行为是好的或是不好的，消退都可以起到很大的作用。

思考与练习

选择上面徐经理与小张、小何对话中的其中一个，运用"某某，我发现+ORID"的工具将对话进行拆解。

（　　　　），我发现：

O：

R：

I：

D：

第3步：制订计划，行为驱动

结束对下属员工行为的反馈后，管理者就要和下属一起共同制订下一步的行动计划了。关于具体的行动计划依然可以参照OGSMA法和"协同性计划表",这里不再赘述,但行为驱动必须要予以更多的关注。

做到这一步骤,已经是绩效沟通的最后一步了,在这一步将涉及管理沟通的本质问题。很多管理者经过大量的学习和培训,几乎都可以将沟通的定义背诵下来:沟通就是基于设定的目标,将个人信息、思想和情感在个体或群体中传递,并达成共识(协议)的过程。

在这个定义中将沟通最终要实现的目的定为传递和共识,这其实只是人际沟通的定义,在以管理为背景的沟通中是不成立的。人际沟通的核心才是达成共识,就像两个人在一起喝酒,双方都在吹牛,你吹你的,我吹我的,互不阻拦,不但不阻拦还配合各种表情和语气。这两个人很可能互为知己了,因为他们间有太多的共识了。要是孔雀和猫头鹰在一起喝酒就很难有共识,孔雀一激动刚吹个牛,猫头鹰来了五个字:那也不一定。这就坏了,两人最后就不欢而散了。所以说,共识是人际沟通的目的。

对于组织管理而言,沟通分为两个层次,第一层是意见一致,第二层是行为一致。我们通过一个小例子来了解其中的区别。

张经理对下属小刘说:"小刘,下午去财务部门一下,和财务核对一下咱们部门的营销费用。"小刘说:"好的,没问题,领导你放心吧。"可是,小刘嘴上答应的很好,下午根本就没有去,而是干别的去了。这个过程,张经理和小刘在意见上是一致的,因为小刘完全认同了张经理的要求。但是,行为上没有任何行动。

张经理对下属小赵说:"小赵,下午去财务部门一下,和财务核对一下咱们部门的营销费用。"小赵说:"领导,这是小刘的事啊,你让他去吧,我这下午还有事呢。"张经理说:"哪里有那么多事,让你去你就去,别找借口,下午必须把费用核对完。"小赵心里非常不情愿,可是下午还是去了财务部核对数据。在这个过程中，张经理和小赵在意见上是不一致的，但在行为上，小赵完成了张经理的要求。

管理者们不妨思考一下，一个意见一致行为不一致，另一个意见不一致行为却一致，如果一定要让管理者选择一个，在极端的情况下，管理者通常会选择行为一致的。所以说，管理沟通本质上要的是行为一致。

那么，如何驱动人的行为呢？这就涉及人的因素了，我们将在后面的章节详细阐述，在本章将继续讲解事的相关因素与职能。

持续改进构建良性循环

在做完整体全面的绩效评价后，就要进行改进了。此时的改进主要分为三大类，分别是目标改进、思维改进和行为改进。

当绩效被最终确定后，无论结果如何，管理者与下属员工都需要制定新的工作目标，这一新目标有可能是在原目标基础上进行提高或者降低，也有可能是提出全新的目标。当下属员工圆满达成既定目标后，管理者可以提出新的目标，也可以在原有目标的数量、质量、成本和时间四个维度上进行提升或增加。如果下属员工未达成既定目标，也可以结合情况适当降低目标。如果目标不能被改变，那接下来需要改进的就是改变原来的工作方法了。

只有思维上的变化，才有可能带来方法上的改变。传统上人们通常运用纵向思考法，根据过去的常规经验，通过解决当前主要障碍来攻克问题，这种纵向思考法在解决复杂问题时就有些力不从心了。此时，应该变纵向为横向的、超越常规的水平思考法，需要换个角度来思考问题。

南方有一家经营液化气罐的企业在经营中遇到了一个大问题。

这家企业主要为城市中一些酒店、餐饮和老旧小区提供液化气罐，送罐的过程大家也都见过，一位司机带着一位搬运工，开着一辆黄色的带有危险品标识的特种车辆，载满大大小小的液化气罐，往返于城市的大街小巷。随着移动互联的网络经济出现，很多送罐的搬运工都转而去送餐、送快递了。辞职的搬运工很多都认为同样是从事体力劳动，送餐、送快递相对来说赚的钱能更多些，也不用天天和危险品打交道。这样就给这家企业带来了很大的用工缺口，目前的薪酬竞争力问题，招工就变得很困难，而人手不足，又直接影响着终端配送，带来了配送难的问题。如何解决这两个问题摆在了企业中高层管理者面前。

有的建议涨薪，有的建议提高搬运工的福利，有的建议让客户自提给优惠的……上述的这些想法都属于纵向思考法，想法都挺好的，可从实际上看管理者都没有被采纳。提高福利待遇会直接导致成本增加、降低市场竞争力，让客户自提更是不现实。当管理层陷入僵局时，人力资源部的薪酬绩效主管小周提出了一个新想法。因为运送液化气罐是特种行业，所以可以以司机和特种车辆为中心，采用分区划片承包制，由公司进行核算相关费用与佣金，司机承包后，车辆维护成本由公司负责，如有节约按一定比例奖励承包人，同时向承包人提供原有搬运工工资标准30%的金额作为人员补贴，不论承包人自己搬运还是聘人搬运，这部分钱都给承包人。这时有人问小周，这30%的费用从哪里出？

小周这样解释：以前搬运工都是由公司负责聘用，与公司是劳动合同关系，这样的话必须缴纳社会保险，如果是承包关系，那么公司和司机以及搬运工间的关系将变成劳务关系，而劳务关系是不需要缴纳社保的，这样就可以省下30%左右的社保费用。同时，变成承包关系并以司机为核心，是能够释放其积极性的，我在下边做了小规模的调研，如果这样操作，那么部分司机会把家里人带上一起送液化气罐，因为他们知道这个量还是可以的，只要辛苦些，收入就会有明显增加。这样的话，公司并没有多支出，而预期效果却是非常好的。

最终，这家公司在小周提供的方案基础上，进行了细微调整并开始执行，最后的结果就像小周预想的一样，基本解决了招工难、配送难的问题。

小周的思路就是典型的水平思考法，既然老路走不通，那就换条路来走。比如科学家们正尝试用碳基芯片代替硅基芯片，汽车发动机由油到电，这些都是水平思考的案例，虽然有些方法还处于试验和摸索阶段，但是毕竟开拓了新的思路。

当方法被确定后，行为的改进就变得重要起来。从工作的角度出发，行为改进包含两个部分，一个是事的改进，另一个是人的改进。

事的改进主要指流程和标准的调整。特别强调流程和标准的重要性，提出了消除浪费的管理理念，同时也详细描述了工作改善的四个阶段，第一阶段是工作分解，将工作分解至具体的每一个动作；第二阶段是就每一个细项目作核检，逐项查找改进点；第三阶段是展开新方法，这个阶段就是具体的改进措施了，通过具体的、简单化的流程和可量化的标准来提出改进措施；第四阶段是实施新方法，就是开始具体的改进行为。关于 TWI 的相关内容，大家可以参考相关的书籍和知识，这里仅向大家推荐，以使管理者们在改进行为时有所参照。

但需要注意的是，上面都是基于事的改进，那么如何能让人去愿意进行改进，进而创造绩效和个人价值呢？这就涉及本书另一大模块，关于人的部分了，因为，一切伟大而美好的目标，如果没有人的行动，那么都将是零。

思考与练习

在实际工作中，你将如何带领你的团队运用目标分解的 OGSMA 工具、计划管理工具以及"某某，我发现 +ORID"的反馈工具？

第3章
没有行动都是零

在日常的管理活动中,事的核心是秩序,决定着要做什么、怎么做,这些都属于基础。目标实现要依靠人,工作改进要依靠人,包括沟通最终也是要驱动人的行为,这些都在说明没有人的行动一切都是零。行动决定着人能否通过具体行动把工作做好。所以,管理者在"人"的方面的工作核心就是解决行动问题。

让绩效落地

事和人哪个更让人头疼

我们经常听很多管理者抱怨：事不难，管人才是最让人头疼的事。

以目标为例，管理者在做目标管理时通常有三大痛苦，第一个痛苦是目标要怎么定，其实这个很容易解决，因为管理者的上级基本上已经将目标定好了，很多管理者其实并没有议价的能力。第二个痛苦是目标要如何分解，如果学过前面讲的 OGSMA 工具，分解目标的痛苦也会小很多。第三个痛苦是目标定了，也分解了，如何要让执行的人能够接受和认同？这个痛苦才是真的痛苦。

那么管理者通常是如何让下属接受和认同的呢？从事的方面的角度讲，关于目标有一个管理者们非常熟悉的 SMART 原则。可是这个 SMART 在制定目标时是有用的，如果还用这个原则让下属接受认同就要出问题了。因为 SMART 最大的问题就是只关心事不关心人，它并没有把关注事和关注人结合在一起，SMART 太冰冷了，而人是有血有肉有感情的。

SMART 并没有把关注事和关注人结合在一起，而人是有血有肉有情感的。只有从执行人的立场出发，考虑到执行人的感受，才能更好地将目标下达到个人，使个人更好地认同组织目标。那么，如何让执行者更好地认同工作目标呢？在这里向大家推荐 GAIN 原则。

G 是指 Grow，代表成长，是指执行者在达成目标的过程中是否能够提升个人的知识或技能水平。比如，某公司项目部经理在给下属小张设定工作目标时，这样说："小张，你到咱们部门已经有三个多月了，因为你以前从来没有从事过项目管理工作，也没有系统地学习过项目管理方面的知识，所以导致你在做项目计划时会出现考虑问题不足的情况，直接影响了后续工作的顺利开展。不过，没关系，咱们还有机会来改进。下个月陕北榆林的那个项目就能确定下来了，还是由你来负责项目计划的制定工作，同时我也会提高你KPI指标中关于项目计划性的权重，重点考核你的计划性。我特别希望能够通过陕北榆林的这个项目，把你的计划能力提升上来，弥补你在这方面的短板，你也不要太担心，我会带着你一起做的，也会给你提供一些具体的方法和模板。"这位项目经理将工作目标与小张的未来成长挂钩了，虽然考核指标提高了，但小张觉得这是为自己的未来着想，也就没有那么大的抵触情绪了，反而很愿意接受这一工作目标和要求。

A是指Ability，代表能力，主要指不同能力的人，所承担的目标也应该有所区别，正所谓，能力越大，责任越大。

I是指Important，代表重要性，强调的是执行者在实现目标的过程中的重要性，以及让他发现自己对目标最终能否达成的重要性。不过，管理者在实际工作中应用时一定要注意，尽量不要在公开场合去表达或体现执行者的重要性。管理者在表达或让执行者认识到自己的重要性时，应该尽量选择一对一地私下沟通。管理者可以对执行者说："孵化器那个业务直接关系到本季度的存款任务，如果做不成，将直接影响咱们整个部门的绩效，你看，咱们部门的老将就只有你了，其他人在处理关系上还是有些不足，这临门一脚总是出问题，这个关键时刻，还得你顶上去，这事儿，没你还真不行！"员工听完，虽然也可能会认为领导有忽悠他的嫌疑，但是心里还是暖暖的，因为他能从领导的语气里感受到自己的重要性。

N是指New，代表新鲜。关于这一点不需要做太多的阐述，多数员工都有求新求变的想法，新任务、新目标也会提升执行的新鲜感，促进其向新任务新目标发起挑战。

我们通过将 SMART 与 GAIN 进行对比发现,"人"的因素在管理中的重要作用,只有让人行动起来,才有达成目标的可能性。那么都有哪些因素制约着员工的行动效果,并影响着员工价值感的存在呢?

影响员工行动的四大要素

管理者在"事"的方面核心工作是秩序,也就是该干什么干什么;在"人"的方面核心工作是行动,也就是让下属能够去该干什么而去干什么,从而产生个人的价值感,进而推动绩效的产生。

那么,需要管理者解决掉哪些制约员工行动的因素呢?如图3-1所示,管理者要在"人"的方面重点解决四大要素。

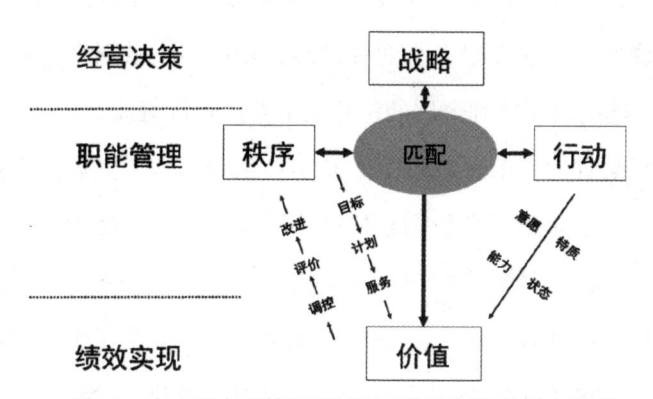

图3-1 在人的方面管理者对下工作要解决的四大要素

第一,是意愿。

意愿主要指一个人去做某件工作背后的动机,其动机的强烈程度与其行动及所产生的价值结果往往成正比。在实际工作中,员工的意愿度如何呢?我们不妨通过几个问题来进行确认?

问题1:员工想不想把工作做好?

问题2：员工想不想多赚一些钱？

通过上述几个问题的确认，就可以得出员工是想把工作做好，想多赚一些钱，如果某位员工从进入公司那天开始就不想把工作做好，那么一定是在招聘时出了问题。如果某位员工不想多赚钱，那么大概率是已经财富自由了或者是有了更高的追求，他们会对其他事物产生意愿。

那么，为什么员工会出现一些不积极、不主动的现象呢？意愿既然有强弱之分，那么就会有波峰有波谷。意愿是一切行动的开关，这就需要管理者通过一些管理手段来调整开关的大小，以不断激发员工的意愿。

第二，是特质。

特质通俗点说可以理解为一个人具备的才干，属于"老天爷赏饭"的范畴，指的是一个人与其他人本质上的差异或区别。

现在，可以得出这样的一个结论：不考虑一个人的特质来使用人才，会把好人变成坏人。现在很多企业都已经开始运用大数据来分析和筛选员工特质，将合适的员工放到合适的位置上来发挥其价值。

有一次在某省的一个总裁班上，有学员让分享一个大数据在人才选聘中的应用案例，于是给了学员们这样一个建议：不要让特别缺钱的人做库管。结果现场一位学员狠狠地拍了一下大腿，感叹了一句：哎呀！学员们对此都很奇怪，课间休息时，这位学员主动和大家分享了个中缘由。原来这位学员是一家知名汽车4S店的老总，两年前为帮助一个经济特别困难的亲戚，聘用了亲戚家一位刚刚高中毕业的小伙子做库管，因为家里经济原因，所以小伙子决定不上大学来养家。4S店有很多配件都是进口的，所以要求库管人员必须具有一定的英语基础，这个小伙子英语水平还是很不错的。结果两年后，这个学员发现这个小伙子伙同其他人员将价值300万元的汽车零部件私下变卖了。

当然，这种情况不能代表所有缺钱的员工都会犯错误，只是源于大数据统计的结果，特别缺钱的员工犯错误的概率比较大而已，并不代表绝对。同样依据大数据来分析员工特质，各位伙伴不妨对比一下优秀的工业品销售人员和优秀的快速消费品销售人员在特质上的区别，比如他们的家庭环境、格局和韧性等。

以微软公司为例，这是一家特别重视招聘的企业，在微软有一个理念，只要人找对了，后面的很多工作就简单多了。面试的过程就是企业在甄选人才特质与岗位匹配性的过程。

企业在让下属产生行动的要求下，如果把意愿比作开关，那么特质就是效能的上限，它决定了员工工作效能的最大空间。在后面的章节我们将详细和大家分享如何确定各岗位人员特质的具体方法。

第三，是能力。

能力是行动的弹药，决定着行动后结果的有效性。没有人一出生就掌握职场或工作方面的技能。在自然界中狮子也好，角马也好，出生后它们的父母就会通过各种方式让它们学习捕食、逃生的技能，这直接关乎幼小的生命能否得以存活，决定着种族能否持续。

因此，管理者也必须通过各种方式来提升下属的各方面能力，使其能够更好地胜任岗位工作。

第四，是状态。

如果一个人有了行动的意愿，在这方面也有很强的天赋，并且能力上也没问题，那么最终一定会有价值感产生吗？结论是不一定。在实际工作中，解决临门一脚问题时更多的是状态，一个员工发着39.5度的高烧还要积极乐观地坚持工作，这心态肯定是没问题，但这高烧的状态肯定会影响工作，搞不好还需要两个人把他送去医院。

回忆2016年里约奥运会，我国著名的自由泳运动员孙杨，他参加了多个自由泳项目，200米自由泳金牌拿到了，1500米的金牌却没有拿到。这是为什么呢？我们结合前面的三个要素一起来看。

首先，孙杨想不想拿金牌？想。其次，意愿是否强烈？很强烈。然后，有这个特质吗？比如说身体条件特别好，水感也特别好，这些特质都是具备的。最后，能力上如何？孙杨的实力是有目共睹的，也没有问题。那为什么没有拿到1500米的金牌呢？究竟是哪里出了问题？或者说还差什么呢？如果当年大家很关注孙杨比赛的话，那么一定会知道，孙杨当时感冒了，同时引起了心脏不适。感冒和心脏不适影响意愿了吗？没有。会导致特质的消失吗？不会。会导致不具备夺金实力吗？不会。那影响的是什么呢？感冒以及心脏不适影响的是能力的发挥，也就是我们所说的状态。

当一个人状态不好时，是很难取得好成绩的。所以，状态决定了效能的最终产出值。回到各企业的实际运营中来看，大家不妨想一下，什么行业的什么岗位上的人员，只要一提到他们，大家就会觉得他们的状态特别好？

此时的答案大多会集中在保险、直销、房产中介、美容美发、餐饮等行业，具体的岗位也大多会集中在销售类或服务类的一线岗位。再看一下这些行业这些岗位，他们每天上班的第一件事一般是什么？充满激情的喊口号，比如说：好！很好！非常好！越来越好！遇到你真好！YES！很多人都对上述行为嗤之以鼻，认为这是在给员工洗脑，甚至有人会认为这些人都是疯子。其实，这只是用来调整或者说是调动员工状态的一种方法，其目的就是让员工能够满怀着激情开始一天的工作。

有一次给一家网络销售日用品的公司进行两天培训，每天上午9点开始培训，我们第一天早上8∶25就到达会场调试设备。这时会场里八九位员工在做游戏，气氛非常好，玩的是在抖音上很火的一个排队答题游戏，有人出题，然后参与者排队回答，回答正确，就换下一个人，回答错误的，就让主持人在他脑袋砸上一气锤。我问这家公司人力资源部门的人员这是在做什么，他说这是采购部的同事们玩的"醒脑操"，由员工在正式上班前轮流来主持早上的活动，最近这个排队答题很火，他们已经玩了一周多了。第二天早上去会场时，主持人换了，游戏也换成"踩雷"了，三个人背对着主持人而坐，主持人在他们身后提着一个饮水机用的空水桶，让他们猜一个女明星的名字，猜错的人视为踩雷，要被空水桶砸一下脑袋。他们把这个活动叫"醒脑操"是有道理的，连续两天的游戏惩罚都是对脑袋下手，虽然不疼，但是砸下去的确能起到醒脑的作用。

　　管理者们可以回想一下，在你的组织或团队中，为了调动员工状态你们采用的是什么方式呢？形式上不必学其他公司喊口号或是做游戏，只要是符合团队文化的，能够调动员工状态的都可以。实在想不出什么好法子，至少要做到早上不要批评员工，要多以鼓励为主，这样才有助于员工保持良好的工作状态。

　　综上所述，管理者要在"人"的方面使员工通过行动产生价值感，就需要不断激发员工意愿、识别员工特质、培养员工能力，调整或调动员工的状态，在本章后的内容里，我们将详细介绍具体的方法及技巧。

意愿是行动开关

意愿管理的本质是激发员工的工作动机，使其主动产生积极性和创造性，其终极目的是让员工能够持续输出好的行为，使员工努力完成组织的任务，实现个人以及组织的目标。因此就构成下图的需要、动机与行为之间的关系图，如图3-2所示。

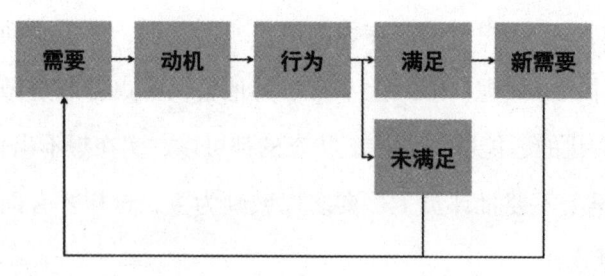

图3-2　需要、动机与行为之间的关系图

那么动机又是受什么影响而产生的呢？著名的心理学家马斯洛通过他的需求层次理论向我们展示了人类最基本的五种需要，如图3-3所示。

这个金字塔结构向我们展示了需求层次之间的关系，需求层次上高下低，而需求强度则刚好相反，呈下强上弱的态势。

在以往的认知中，都是先满足了低层次的需求以后，再向上进阶，比如先解决生存问题，再去解决安全问题，然后是获得归属感和爱，再接下来是受到尊重，最后达到自我实现的层次。但随着社会的进步，尤其是我国全面进入小康社会以后，需要重新来认识马斯洛需求理论了。因为我们国家的主要矛盾已经发生了历史性的变化。随着历史的不断向前推进，我国社会的主要矛盾已经转化为人民日益增长的美好生活需要和不平衡不充分的发展之间的矛盾。

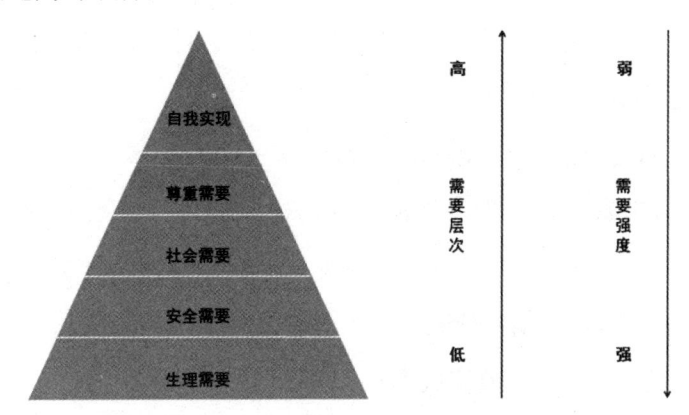

图3-3　马斯洛需求层次理论模型

那么，社会主要矛盾的变化会给马斯洛需求理论、给人员管理带来什么新变化呢？马斯洛的五个层次并没有发生本质性的变化，但很多员工们的需求顺序发生变化了，不再是由下而上了，而是由上而下了。自从中国特色社会主义进入新时代以来，人民的生活条件越来越好了，很多员工在物质层面并不像很多年前那样的匮乏了。目前，在很多企业中，"60后""70后"统筹大局，"80后"是主力，"90后"为业务骨干，以"95后"为代表的新生代也成为组织发展的生力军。"60后""70后"各方面已经很稳定，"80后"也都基本完成了家庭的基础设施建设，成家立业了。很多"90后"，尤其是"95后""00后"也因为家庭财富的积累，开始看重非物质方面的需求满足，首当其冲的是自我实现需要。他们进入社会、进入职场时，想要获得更多的自我价值满足感，所以对自我实现表现出很强烈的需求。

在激发动机方面，"70后""80后"虽然也需要调动他们的积极性、激发他们的意愿，但从实际情况上看，他们并不是组织激励的重点人群，他们受成长背景、生活阅历等因素的影响，大多数都具备了一定的责任心，这种责任心虽然不代表做事会非常主动，但当组织将工作任务分派下来的时候，他们的责任心会促使他们选择主动担当。所以，接下来我们将更多地探讨如何激发新生代员工的工作动机，满足他们在自我实现、尊重以及归属感和爱方面的需求。

归属感和爱是马斯洛需求层次理论中关于社会需要的主要内容。在这方面，管理者要明白现在年轻人更喜欢个性的、小众的，而不是普遍的、大众的。现在很多的新生代更喜欢去"轰趴馆"这样的地方搞团建。可能还有些管理者还搞不清楚什么是"轰趴馆"。"轰趴馆"，取自于英文homeparty的英译，意思是家庭派对。现在主要指室内聚会场所，只不过这个地点不再是某个家庭内部，而是指专门用来聚会的商业场所，这种"轰趴馆"里一般都配备迷你KTV、台球、桌球、棋牌、各种游戏机，以及自主厨房，总之，在这里不仅能满足不同人的个性需求，还可以提供集体活动的项目，目前是很多新生代员工团建的首选项目之一。

同时，也特别建议管理者们花一点时间去了解一下新生代们的生活与喜好，适当地参与一下，比如和他们一起"开黑"，一起玩一场密室逃脱等。这样在生活娱乐的场景中相互走近，在实际工作中也可以更好地并肩作战。归属感和爱是通过相互参与而实现的，这方面，管理者要首先走出那一步。

接下来，谈一下关于尊重的需要。这里要特别说明一下：所有的尊重都需要用仪式感来支撑。

很多年前，我所在的企业因品牌推广需要与一家知名的广告公司建立了业务联系。当时这家广告公司负责我们业务的是一位姓晋的经理，我们第一次见面时，晋经理与我交换名片，我发现他的职务是阿帕奇部经理。这让我很是好奇，企业中负责业务的部门一般都叫业务部、市场部、销售部，也有叫第几事业部的，可晋经理的部门叫阿帕奇部。于是，我问他为什么叫这个名字。晋经理说在他们公司，如果个人业绩达到一定额度后，那么公司领导会找这个人谈话，询问其是否愿意带团队，如果愿意带团队的话，那么公司会为他提供相应的培训资源，帮助他成为一名合格的团队负责人。同时允许他为自己的团队起名，只要起的名字不违反政策法规和公序良俗，并且还有一定的意义，这个名称就可以正式启用。我又问晋经理为什么会选阿帕奇这个名字，他说，阿帕奇是美国一款著名的武装直升机，以强大和迅猛著称，他选择阿帕奇就是想让团队成员也像阿帕奇一样，所向披靡，战无不胜。通过后面的接触，我也发现了晋经理的行事风格确实也是干脆利落，不但敬业、专业，而且还能感受到他的爱业、乐业。

　　后来，我去他们公司洽谈业务，又有了新的发现。很多广告公司都会有一个LOGO墙，上面是用亚克力材料制作的合作品牌LOGO，用来彰显公司的辉煌业绩。可晋经理的公司却有两面LOGO墙，一面是和其他广告公司一样的客户LOGO墙，另一面墙上也有很多的LOGO，只不过换成了飞鹰、奋进、挑战、阿帕奇、精英等名字。

　　现在，请大家思考一下，晋经理带领他的团队不断前进，会认为自己在为谁而工作呢？而这家广告公司为了激励和晋经理一样的其他业务团队，花钱了吗？当然是花钱了，至少花了几十块钱用亚克力材料做了这些LOGO。

　　很多时候，管理者们都会抱怨用于员工激励的资源太少了，其实，拓宽思路，用有仪式感的尊重也可以获得很好的激励效果。上面那家广告公司就是通过给自己起名字和用LOGO上墙这两种非常有仪式感的方式，让员工感受到了自己的受重视，进而让他们觉得是在为自己而战斗，充分体现了他们的价值感。

　　无独有偶，在海尔公司，如果员工对工作流程或者方法进行了改进，海尔也会用员工的名字来命名这种工作方法。我们在很多火车站也能看到以某个人的名字来命名的候车室，部队中的某些连队也会以黄继光、杨根思这样的英雄名字来命名，这些都是通过仪式感来体现尊重的典型案例。

管理无定式，对于体现尊重这件事没有现成的公式或套路，只要管理者遵循塑造仪式感这一核心原则，都会拥有属于自己的具体方法。在这里给管理者留一个家庭作业，请完成下面的思考与练习。

> **思考与练习**
>
> 请管理者设想一下，在以下场景中如何通过仪式感来体现尊重？
>
> 1. 征询他人意见时
>
> 2. 庆祝成绩时
>
> 3. 对待团队老员工时
>
> 4. 欢迎新成员时
>
> 5. 意见不一致时

下面，谈一下如何帮助员工自我实现。

在前文关于决和策的论述中，我们提到过，如果下属能够按照自己提出的策去做事，那么遇到问题时会想办法自己去解决，此时的他们内心中会产生更多的价值感，这种价值感就是自我实现的一种表现。在组织的日常工作中，员工的自我实现可以由低至高分为7个等级，管理者可以根据员工的具体情况逐级实施。

第1级，鼓励员工表达个人的想法

第2级，倾听员工的想法，并认真做出正式的回应

第3级，鼓励员工按自己的想法去尝试

第4级，给员工更多的机会，并允许员工试错

第 5 级，让员工全权负责组织中的一个项目或重要任务

第 6 级，让员工负责开拓新的事业

第 7 级，全力支持员工实现其理想

以上 7 个等级中，第 4 级发挥着承上启下的重要作用，也是员工自我实现从量变到质变的关键。接下来，我们通过生活中的一件事让大家更好地理解机会的内涵。

孔先生是位繁忙的商旅人士，经常出差，他家里有两个孩子，一个上小学一个才上幼儿园，孩子教育与繁杂的家务大多靠爱人一个人来支撑。年初时，他爱人还报考了 MBA，白天正常上班，晚上在哄完孩子后还要坚持上网课，备考压力可想而知。于是，岳母为了帮着分担也住了过来。此为背景。一个周末的晚上，孔先生的航班在机场延误了 5 个小时后，终于取消了。航空公司安排了第二天一大早的航班。在酒店睡了不到 3 个小时，又经历了 1 小时的延误和 3 小时的飞行，孔先生终于在中午时分坐在了家中的沙发上。此时，爱人正在厨房做午饭，岳母在里面房间带两个孩子玩。孔先生心想，自己出差是很辛苦，但主要是肉体上的劳累，多休息一下也就好了，可是自家的老婆却不容易，既要在职场上打拼，又要做家务带孩子，最近还要忙于备考，算了，自己少休息一会吧，帮着做些家务吧。可就在孔先生刚要准备起来做家务的关键时刻，他爱人从厨房出来了，腰上系着围裙，手里还剥着葱，看孔先生坐在沙发上，便生气地对孔先生说："你看你，平时半夜回来我也就不说什么了，今天回来这么早，就知道往那一坐，也不知道帮我干点活？！"

孔先生听后，本来要起身干活的，结果呢？反而继续坐下去了，但继续坐着总得有个理由啊，于是他说："飞机各种延误，没睡好，我累，歇会儿。"

他爱人听后，直接对孔先生说："就你累，我不累？我这一天的，白天上班，晚上还要带孩子，看孩子写作业，把两个孩子哄睡了，我还得上网课，我已经有两个直播课没看完，本来想着你回来，我能有时间去爬个楼，把视频看完，可是你……"他爱人越说越生气，把围裙解下来，往沙发上一扔，说道："我这一天天的也不知道到底是为了什么？！"这时，他岳母听到女儿在发脾气，从里面走出来说："为什么，为什么，一回来就吵，谁容易啊？说给谁听呢？我这一天又是为了什么啊？"

看，好好的、和谐的家庭氛围，一下就变得非常紧张和尴尬。我相信很多人都有过类似的经历。我们要思考一下，在家务活面前，孔先生是否想去干活？他爱人是否希望他去干活？如果双方在干活这件事上的想法和意见是一样的，那么，为什么最后的结果却变成了这样的不愉快？

幸运的是，孔先生家里有一个良好的习惯，夫妻生气不隔夜。孔先生这一天都表现出积极和主动的态度，在老婆补完网课，结束一天的事务后，双方召开了家庭小会议，对中午的不愉快进行了复盘。孔先生对他爱人说："你知道吗？你再晚说一秒钟，我就起来干活了！就差一秒钟！"其实，孔先生所说的差一秒钟的背后，是他认为，他爱人剥夺了一次他主动表现的机会。

这个生活场景中背后的原理我们还是要清楚的。有时，很多管理者就如上文中的女士一样，差了那一秒钟，没有给下属一个主动表现的机会，结果造成了下属的逆反心理。员工认为，本来我是要主动的，结果却得到了来自领导的命令，这样反倒显得自己有问题，不积极不主动了，算了，干脆不做了。于是，产生了逆反心理与行为，而领导也会认为自己也是为了整个团队，自己也不容易，可下属却不理解自己，而越发郁闷了。

解决这个问题的秘诀就是管理者要多给下属一些时间和空间，这些都属于机会的范畴。

机会有了，接下来就是允许下属试错了。这里我们不是鼓励员工犯错误，而是允许员工犯错误。试错不是目的，允许试错是实现目标、塑造价值的手段和方式。这就意味着管理者要在员工试错后用合适的方式进行干预，或引导其不断改进，或提供有效的支持。组织中的创新也是一样的，创新最大的成本是试错，没有大胆地试错是很难取得胜利的。

因此，我们将给予机会和允许试错作为支持员工自我实现的关键。同样，在这里也布置一个思考题。

思考与练习

1. 我已经为下属实现自身价值提供了哪些机会？
2. 我还可以为下属提供的机会有哪些？
3. 我曾经用怎样的方式对待犯错的下属？
4. 我可以允许的犯错范围是什么样的？这个允许范围是否可以帮助下属努力去实现其价值？

激发员工意愿和动机就是帮助员工意识到或找到工作的源动力，在解决"怎么干"之前，要先要解决"为什么干"的问题，只有当员工明确了为什么而干，内心当中才会产生动力，所以说，明确目的比明确目标更有意义。

美国著名的调研公司盖洛普公司有一个关于测量员工满意度和敬业度的调查问卷，叫作《盖洛普Q12》，盖洛普通过对12个不同行业、24家公司的2500多个经营部门进行了数据收集，然后对其105000名不同公司和文化的员工态度进行了分析，发现这12个问题最能反映员工的保留、利润、效率和顾客满意之间的关系。通过调研分析，盖洛普认为，要想把人管理好，首先要把人看好，其次是把人用对，然后是给员工创造环境，能够发挥每个员工的优势，这是管理人的根本。

在这个12个问题中，有一个问题是：在工作中，我每天都有机会做我最擅长做的事吗？

我们将员工个人擅长的事称为他的特质，是他与其他人的核心区别之一。管理者可以设想一下，如果员工的特质每天都可以得到充分的发挥，那么员工的价值感一定会很强；反之，员工的积极性和创造性也不会好到哪里去。所以，管理者要花些时间来研究一下员工的特质问题，因为，员工的特质决定了效能的空间。打个比方来说明这一点，如果把一个人可以发挥的效能比做一个库房，那么同样特质强大的人相当于1000平方米的库房，特质中等的人相当于800平方米的库房，特质一般的人只拥有500平方米或是更低，特质决定了最大上限，至于实际可以利用的空间有多大，更多的则由其状态所决定。

特质决定了效能空间

人尽其才，是每个管理者的希望。这里面的才不只是个人的知识与技能，更多的应该是指人的特质。

不同特质的人有不同的使用方法。在前文绩效沟通策略中我们提到过PDP，基于PDP对行为特质的五种划分，我们也可以找到对不同特质人员的使用方法。

比如说老虎类型，这种类型的员工关注事的结果，喜欢快速反应和变化，管理者大可以将那些具有挑战性的、时间紧任务重的工作交付给老虎，虽然他们脾气不太好，有时甚至还会顶撞上级领导，但在多数情况下，他们会很好地完成工作。需要注意的是，老虎有时为了完成任务，细节方面做得不是很好。如果一个团队的一把手是老虎，那么哪种类型的人适合做二把手来辅助他呢？与老虎最搭的莫过于孔雀，在这几种类型的人中，只有孔雀才能迅速响应老虎的决策与指挥，并且主动带动其他人去达成目标。

孔雀类型的员工同样喜欢快速反应和变化，但这一类型的人更关注人的情绪和感受，管理者可以将一些需要创新的、与人打交道的、需要表达展示的工作交给孔雀去完成。虽然孔雀有时会拖延、三分钟热血、天马行空，可当你点燃孔雀的热情后，孔雀往往会创造性地达成工作目标。如果一个团队的一把手是孔雀，那么哪种类型的人适合来做辅助呢？我们建议管理者让猫头鹰与其配合，这样猫头鹰就可以成为孔雀的幕后高参，尽可能地中和掉孔雀与生俱来的容易冲动的缺点。

考拉类型的员工关注他人的情绪和感受，但不喜欢变化，更愿意在稳定、安全的环境中工作，管理者可以将一些需要耐心、细心的支持类工作交给考拉去完成。虽然考拉不太会像老虎或孔雀一样去主动承担什么责任，但一个团队稳定的基石其实就是考拉，考拉们通过自己默默无闻的努力，支撑着团队日常烦琐的工作。如果一个团队的一把手是考拉，那么由老虎作为他的辅助者就再适合不过了。这就好理解为什么在《水浒传》中，孝义黑三郎宋江宋公明外出时总要带着他的铁牛弟弟了。考拉宋江自然是明白"秀才遇到兵有理说不清"的道理，有了李逵在身边就能完美地解决这个问题了。所以说，管理者在使用人才时，包括个人在带团队的过程中，需要了解一个团队的力量不只是目标、价值观的相同，还需要团队成员特质的不同，正是这些相同与不同才给团队带来了无穷无尽的力量。

猫头鹰类型的员工关注事和结果，喜欢遵循原则，按既定规则行事。管理者可以将一些需要很强专业度的、原则性强的、要求精准作业的工作交给猫头鹰去做。很多具有工匠精神的人都是猫头鹰型人才。同时，管理者也要学会接受猫头鹰有时候的吹毛求疵。如果一个团队的一把手是猫头鹰，孔雀会不会是得力助手呢？答案是否定的。猫头鹰如果是上级领导，其自身的专业性，以及猫头鹰对专业度的高要求，严重点说会将孔雀折磨至死，因为此时的孔雀很难在猫头鹰面前找到成就感与价值感。这时，考拉才是猫头鹰的最佳助手，这几种类型中，只有考拉会不越雷池半步，坚决做到服从命令听指挥。

变色龙类型的员工适应能力强，缺点是原则性不好。因此，只要注意和把控变色龙从事原则性较强的工作外，其他工作变色龙都会完成得不错。如果变色龙做一把手，谁来当二把手都是可以的。变色龙会主动适应他人来促进团队和谐以及工作目标的实现。

上述是我们根据 PDP 行为特质讲解了不同特质人员的使用方向与原则。在日常的工作中，管理者除了要掌握以上知识与技能外，还必须要了解如何界定各岗位人员特质的方法，也就是各个岗位对人员特质的要求有哪些，我们要如何对这些特质进行描述。下面，我们就详细讲解一下这方面的内容。

在组织的人力资源管理中，我们将员工为达成某一绩效目标而需具备的相关知识、技能和素质的集合称为胜任力模型。胜任力模型最大的作用就是定义人才标准，清楚地向我们描述出什么样的人才是我们所需要的，因此，也叫人才画像。

需要说明的是，非专业人力资源条线的管理者们在胜任力方面的知识技能掌握程度不需要达到精通级别，我们后面所给到的相关思路、方法和工具也都是针对非专业人士的。

我们在绘制人才画像时，主要采用三种方法，分别是战略分解法、关键任务法和绩优标杆法。

首先，战略分解法。

在对人才进行定义和描述时，是不可能仅仅看感觉的。所以，我们要引导对方说出自己的潜在需求。此时，我们为获得更多的信息，可以问对方一个开放式的问题：你以后想过一种什么样的生活？

男 A 说："我未来的生活应该是我在外打拼，我爱人在家中搞定一切，做我的坚强后盾。"

男 B 说："我未来的生活应该是我老婆在外打拼，我在家中搞定一切，我来做坚强的后盾。"

现在，我们来看男 A 男 B 对未来的设想是不一样的，同时，他们对爱人的要求也就随着改变了。这种基于对未来的判断而描述人才标准的方法就是战略分解法。战略分解法更多关注未来对人才的要求，应用此方法绘制人才画像的难点主要在于企业战略的清晰度与可执行性。

还记得在目标管理章节出现的农化企业A公司吗？A公司为达成提高赢利水平、扩大销售收入、打造优秀经销商网络这三大目的，在运用OGSMA工具制定好相关业务策略和管理策略后，A公司的管理层还组织了经营战略对人才要求的讨论。经过为期10天的分析、研讨，A公司确定了每一项核心策略对人才的核心要求，绘制了公司通用的人才画像，如表3-1所示。

表3-1　A公司核心策略

核心策略	所需特质
决胜招商，提高招商会的成交率	客户导向 协同共享 成就欲
服务增值，提供终端订货会支持服务，帮助经销商提升销量	卓越运营 快速反应 客户导向 成就欲
建立与战略相匹配的人力资源管理机制	系统思考 变革

我们用雷达图的形式系统地描述一下A公司的人才画像，如图3-4所示。

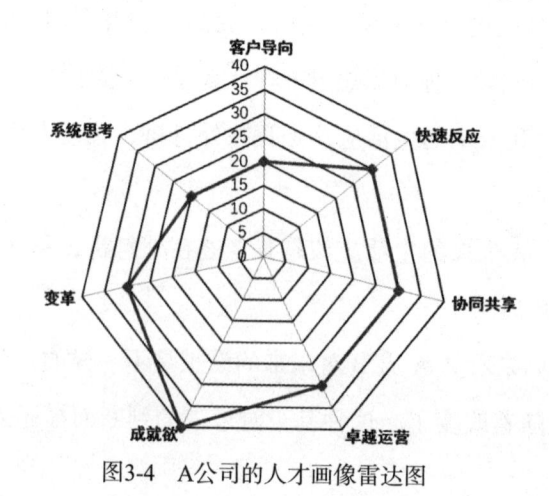

图3-4　A公司的人才画像雷达图

A公司的业务策略是以决胜招商和服务营销这两大策略为核心的，在执行这两大策略的过程中，需要公司全体成员真正做到以客户为中心，要不断地满足和超越客户需求，这个以客户为中心的要求就被提炼为客户导向。

农业有一个很大的特点就是讲究农时，因为农民施肥、播种都有时间性，所以必须抓住时机，这就对A公司的卓越运营能力和快速反应提出了较高要求。

在向客户提供产品与服务的同时，前台是销售与农技服务团队，中台是市场、采配部门，后台就是财务和人力资源部门，大家也可以从前文A公司的OGSMA分解中看到，要成功召开一次招商会议，需要多个部门的有效协同才可以实现，这种协同不仅是表面上的工作配合，还需要各部门间不断进行总结复盘，并将宝贵的经验做内部分享，所以有了协同共享这个因素。

同时，A公司的决策层还提倡精益求精的工作作风，他们坚信只有不断自我更新、自我超越才可以赢得未来。那么，什么样的人会很自然地做到这一点呢？A公司最后提炼了"成就欲"这个词。什么是"成就欲"呢？简单地可以理解为"无须扬鞭自奋蹄"，就是不需要督促就可以自动自发地努力工作，完成自我更新、自我超越。如果公司所有人都有这样一个特质，那么公司经营和管理将会轻松很多。

以上便是A公司应用战略分解法绘制人才画像的思维过程。基于未来战略或策略提炼通用特质不能急功近利，不能一蹴而就，只有多分析多论证，最后才可以得出最符合企业实际情况的核心要素。

如果上面的要求，以企业目前的情况还无法满足怎么办呢？我们还有第二种相对简单的方法。

其次，关键任务法。

基于对完成现有工作内容所需人才标准的描述方法就是关键任务法。关键任务法更多的是关注现在而非未来对人才的要求。

比如同样是销售人员，甲公司的销售人员的关键工作任务有扫街开发新客户、建立客户关系、维护客情和做好相关服务工作。而乙公司的销售人员并不负责直接开发客户，乙公司的在线客服会将意向客户名单及联系方式发给销售人员，销售人员是不需要扫街拓客的。这两家公司对销售人员主要工作任务的界定不同，对他们特质的要求也就不同了。甲公司可能还要增加具备抗压、吃苦耐劳等方面的要求，而乙公司与之相对，对销售人员建立客户关系的能力会有更高的要求。

最后，绩优标杆法。

需要注意的是，绩优标杆法关注的是过去的成功要素，因为绩优一定是过去已经发生的一个结果，而过去优秀并不能代表现在或未来一直优秀，所以不同时代、不同阶段的企业对人才的定义也是不尽相同的。如果组织在发展过程中，外界变化不大或相对稳定，那么是可以使用绩优标杆法作为绘制人才画像的主要方法的。我们只需要找到最佳绩效者与其他同岗位人员的核心区别就可以了。

在这里，不得不再提一下A公司的人才画像。

A公司身处农化行业，自然逃不开这个行业的一大特点，酒文化盛行。厂家代表到经销商处，经销商到厂家，都离不开酒桌文化。每年春耕的销售旺季，A公司的L总都会亲自到各销售区域进行督战，这自然是免不了与销售团队加油鼓劲一番。

在苏北市场，L总问区域负责人马经理，今年的销售冠军会是谁？马经理告诉L总，今年销冠不会有什么变化，还会是小何，这小子骨子里有拼劲不服输，上个月业绩被一个同事差点追上，结果这小何嘴上说不在乎，业务上可是更卖力了。所以，今年苏北市场的销冠还会是他。

L总继续驱车北上，在辽宁市场他发现业绩最好的老马骨子里也有一股子劲儿，老马这么多年来从来没让公司操过什么心，在他眼里要么不做，要做就得做到最好。

在黑龙江某个农场的水稻育苗大棚里，L总见到负责这个市场的技术代表小邓。L总见到小邓的时候，小邓正在和经销商、种植大户一起开实证会，向其他农户展示公司产品在生根壮苗方面的优势，还结合种植技术介绍了后期可以选用的产品，整体流程都是按公司的要求进行的，但在实证采集、展示以及采访种植农户时加了一些自己的小特色，很接地气，实证会开的自然是非常成功。在晚上的例行酒宴上，L总问小邓努力工作的动力是什么？小邓说："我也说不上是什么动力，我本身就是学植保专业的，家里也种了很多地，我心里挺喜欢现在的工作。我一毕业就来咱们公司了，时间不长，到现在才九个月，我心里认为，我是学植保专业的，而且自认专业知识学的还不错，在我的专业领域内，我不想屈居人后，而且我也不太喜欢循规蹈矩的作风。就拿咱们选择实证示范点来说吧，我觉得咱们除了咱们原有的合作性、代表性原则，还要考虑到地点的突出性和便利性，忙过这几天，我就写个方案出来，让大家也提提意见，大家如果说没问题了，再上报给公司请您审阅……"

晚上酒局散场后，L总和黑龙江市场的高经理聊天，就说起了这一路上给他留下深刻印象的这三个人。L总说这三个人虽各有特点，但他们好像都有一个共同点。这时高经理抢着说了一句："L总，这不就是去年年底你带着我们一起提炼的成就欲吗！"

让L总高兴的是，成就欲不仅是支撑他们走得更远的武器，也是这些绩优标杆的共同特点。于是，他马上给人力资源负责人发信息，让人力资源部门在进行人才甄选时要特别关注人员的成就欲情况，同时，他也决定在这个销售旺季过后，针对重要岗位进行一次人才特质盘点，全面了解一下这些岗位上的员工胜任力的匹配情况。

无独有偶，两年前，我们在为一家城商行做个人金融条线客户经理整体培训时，在给一家外贸企业做领导力工作坊时，我们也发现了成就欲特质在绩优员工身上的体现。后来，在与一些企业领导沟通时，我们也有意地去了解他们对员工成就欲的关注时，也得到了他们的广泛认可。

所以，我们现在可以做出一个结论，成就欲是优秀员工的共同特质。如果在你所在的企业里也能验证这一结论，那么，管理者可以大胆地将这一特质列为关键岗位员工的核心胜任力了。

在确定好核心胜任力后，还要让大家都能很好地理解其中的含义。

还是以成就欲为例，某城商行经内部讨论通过，给个人金融条线客户经理的成就欲下了一个明确的定义，只不过他们最终选择的词是"成就导向"，他们给它的定义是：希望更好地完成工作，自动自发地达到更优秀的绩效标准的意识和习惯。

需要注意的是，在描述相关特质的定义时，共识大于科学性。应用方对特质的理解是第一位的，这时候专家的意见不是最重要的，因为很多时候专家用于描述的词语都太专业了，不便于理解。因此，搞实战要大家达成共识，做研究要专家指导。

那接下来的问题就是企业需要一种达到什么级别的成就导向呢？

胜任力或人才画像的等级描述方法，其中的主要原则是对同样一件事的分级描述。

下面，我们以某城商行个金条线客户经理的胜任力模型为例，让大家清楚地掌握对一个岗位进行胜任力描述的结果是怎样的,如表3-2所示。

表3-2 某城商行客户经理岗位胜任力模型

岗位名称	客户经理	所属部门	支行
直接上级岗位名称	副行长	直接下级岗位名称	无
核心胜任能力概括	1.客户关系管理 2.客户导向 3.职业操守 4.人际沟通 5.成就导向		
核心胜任能力名称	定义	等级	描述
客户关系管理	与客户进行交流,维护良好的合作关系,以便掌握、挖掘并满足客户需求的能力	1	与客户能够正常交流,并建立合作关系
		2	运用多种方式挖掘并满足客户需求
		3	能够运用多种资源及方法引导客户,实现双方利益最大化
		4	合作关系稳固,能够强化客户忠诚度
客户导向	试图满足客户期望的程度。关心工作质量以得到客户满意,包括有效、恰当回应客户要求	1	在客户问题出现后做出反应
		2	主动寻求理解客户问题并满足客户需要
		3	超越客户问题添加服务价值,并超出客户期望
		4	为客户与组织的长期互惠牺牲短期利益

岗位名称	客户经理	所属部门		支行
职业操守	从事职业活动中必须遵从的行为准则，是个人道德在职业活动中的体现	1		遵规守纪，不做有损单位及客户利益的事
		2		能够敢于揭发、检举有损单位或客户利益的行为或活动
		3		严于律己，能够展现出积极健康的职业行为
		4		能够成为他人职业操守方面学习的典范与楷模
人际沟通	能够识别他人的情绪、性格与意图，并拥有能够与其达成共识的能力	1		能够识别他人的情绪、性格，但不是以上两者都能识别
		2		能够积极倾听，清楚、准确地了解他人的意图
		3		能够与他人达成共识
		4		能够影响他人，并使他人产生实际行动
成就导向	希望更好地完成工作，自动自发地达到更优秀的绩效标准的意识和习惯	1		不需要上级督促，基本能够完成本职工作
		2		能够自动自发地积极完成本职工作
		3		能够主动设定更高工作目标，并努力实现
		4		乐于接受挑战，以达成更高绩效目标而得到满足感

现在，我们已经可以确定的是当一个人每天做擅长的事，做内心喜悦的事，内心会产生很强的价值感，同时，也会有助于其产生更优质的绩效。很多管理者现在可能会发出这样的疑问：我要如何去验证员工符合我们所需要的特质呢？

关于如何验证员工是否符合我们的要求，心急的读者可以直接翻看后面关于"事和人的匹配才是关键"的章节。

续表

> **思考与练习**

请试着提炼一下你下属某个绩优标杆的特质,写出其中一项特质的定义,并将其分为四级进行描述。

特质名称:

特质定义:

分级描述:

1.

2.

3.

4.

能力是行动的弹药

在员工有了很强的意愿，并且也有相关特质以后，员工的能力就成了行动的弹药，可以更好地成为自身价值感以及优质绩效的推进剂。在本章节，我们将和管理者们一起探讨如何培养和提升员工能力的问题。管理者们对于需要培养员工能力方面的认知都是具备的，但要培养下属这个问题还是需要明确的。

管理者要对员工进行五个方面的系统培养，主要包括培养下属的职业素质、使命感、工作能力、按高标准做事的意识和习惯、团队合作精神。

在这五项中，培养下属的职业素质是重中之重，这一项解决了，后面的就好培养了。

我们先通过一个真实事件让大家明确职业素质在工作中的重要性吧。李经理去长春的一个亲戚家做客，偶遇客厅的灯管坏了。亲戚买新灯管的时候发现，已经买不到同型号的灯管了，只能将整个灯全换成目前较流行的LED灯。新灯倒是没用多少钱，可是换灯意味着要重新安装，重新安装最麻烦的是要重新安装膨胀螺丝固定，家里没有电钻等专业工具，只能在外面找专业电工来安装了。

李经理的亲戚家楼下不远处就是劳务市场，他很快就找到了一个电工，经过讨价还价最终成交价格为200元，亲戚虽然嫌贵但是也没办法，都是这个行情。价钱谈好了，那就让电工跟着走吧，结果电工说你留下地址和电话，他要吃过午饭后下午两点去，亲戚问他要提前准备什么吗？电工说什么也不用，在家里等着就行。一晃下午两点到了，找的电工还没来，李经理和亲戚下午还要外出，就给电工打电话催他早点过来。

大概下午三点钟，电工终于到了。一进门鞋也没有换，直接就进了屋，李经理的亲戚也没说什么，把新灯尽快地安装好才是最重要的事。接下来也并没有像他们想象的那样顺利，电工一会儿让他们找梯子，一会儿让他们帮着连接插排、扶梯子，总之大家都要行动起来。万事俱备后，电工按下了电钻启动键，随着电机的转动声，一大片灰尘也铺天盖地而来，落得李经理和他亲戚满身全是。他们二人对视一眼，叹了口气，忍住了什么都没说。接下来就是安装膨胀螺丝、接电线、安装灯具，后面的事情倒还顺利。安装好电灯后，电工还指着身上的灰尘说："看，我们这都是脏活累活，吃苦的，不像你们一天都坐在办公室里，要你200块钱不多的，你看能不能再给加点。"

电工走后，李经理帮着亲戚打扫了满是灰尘的房间，当然，还包括要再次站到梯子上擦去电灯上面的黑色手指印。

不用多说，这次的消费体验并不愉快，如果这个电工不是个体，而是一家公司的员工，那么，会不会出现客户纠纷呢？客户有相关需求时还会选择这家公司吗？有时候一线员工的职业形象、职业行为将直接影响客户的决定，进而决定组织的绩效表现。

三个月后，李经理家中的灯也坏了，而且情况与亲戚家类似，都需要找电工重新安装，他当时就想起了上次在亲戚家的经历。他可不想再重复上次的体验。于是，在买新灯时，李经理让灯具店的老板推荐了一位电工。两个人在电话里沟通了具体情况，安装时间和地点，以及希望李经理提前准备的物料，费用是240元，比亲戚家略贵。到了约定时间，这位电工基本是准时到的。一进门先拿出了鞋套，这一个动作就给李经理留下了非常好的印象。果不其然，这位电工后面都是一系列的专业操作，整个安装过程都是一个人完成。需要提的是另外两个细节，一是他提前在钻头外加了一个罩子，这样在电钻工作时，绝大部分的灰尘就落在了里面，没有到处乱飞。二是在安装测试后，他用随身带的一块抹布将灯罩擦拭了一遍。

没有对比就没有伤害，作为一名顾客，在将来你会怎样做选择呢？

职业素质的本质就是一个人的职业化程度，有人用五个合适来描述职业素质：在合适的时间，合适的地点，用合适的方式，说合适的话，做合适的事。这其中最难的就是"合适"二字了。因为，不是每个人对合适的理解都是一样的，都能恰如其分地保持好合适的火候。管理者的作用恰恰就是教会下属什么是合适，并且如何做到合适。

海尔公司的张瑞敏曾经说过："员工的素质就是领导的素质，部属的素质低不是你的责任，但是不能够提升部属的素质，却是你的责任。"这段话很好理解，管理者来到一个部门担任管理职务，员工素质差不是你的责任，因为这些人也不是你可以选择的，但过去一年、两年后，下属的素质还很差，那就是管理者没水平了。

提升下属的职业素质是管理者义不容辞的责任和义务。当年张瑞敏到青岛电冰箱厂当厂长，下达的第一个行政命令就是严禁随地大小便，可想而知当年的海尔公司是什么样的情况，但若干年后再看海尔公司，已经成为民族企业的骄傲了。

管理者培养下属，提升下属的实战能力主要可以通过三种方式：

第一种是强化训练法。

很多企业现在都已经了解员工培训的重要性了，但在这里，我们更想表达一种观点，越是基层的员工越需要训练。为什么这样讲呢？因为传统的培训的目的更多的是解决意识、知识和方法问题，但是知道不等于做到，有了意识、学了知识、会了方法并不代表掌握技能。

回忆一下我们小时候骑车是怎么学会的？很多人都是通过反复实践、反复练习，过程中很可能会摔倒很多次，甚至有人总结说骑车是摔出来的；游泳怎么学会的呢？呛水呛出来的。所以，我们将学习骑车、游泳、开车这些技能方法统称为训练，其核心是正确地重复。

生活中，有的家长抱怨自家的孩子考试时总是马虎，也就是质量输出不稳定，同样类型的题这次能够做对，下次就可能做错，这次做错，下次又可能做对。成绩总是反复，忽高忽低的。家长一看做错的都是不太重要的知识点，于是将这种现象归结为两个字——马虎。可是，事实真的是如此吗？

其实马虎也是个伪命题。出现马虎的原因只有两个。知识掌握得不够牢固是第一个原因。怎么知道孩子将知识有没有完全地掌握呢？很简单，让孩子给你讲一遍，如果讲的过程和结果都没问题，基本上可以确定是第二个原因了，那就是重复度不够。这样大家就可以理解高考前的刷题过程是多么的重要了。做大量的习题就是不断重复训练的过程，最后会形成我们通常所讲的肌肉记忆。实际上，肌肉里并没有记忆细胞，肌肉记忆的本质也是通过不断重复，而在大脑中形成了潜意识和下意识的条件反射。如果你的孩子在学习过程中也出现了马虎的现象，那么，现在你应该知道该如何帮助孩子解决这一问题了。

同样的道理，你的下属员工如果绩效输出不稳定，你也要从上面提到的两个方面入手。第一，通过让他给你讲解工作流程来验证他是否掌握了相关知识点；第二，让员工不停地练习，但要注意，重复练习的过程一定要保持正确。

怎样才能达成更好的训练效果呢？管理者在训练下属时要注意以下几点：

第一，组建固定的训练团队。

我们经常听人讲名师出高徒，其实对于训练团队而言，要的不是有名气的老师，而是明师，与有名气的老师相比，明白的老师更接地气，更能有效地结合工作实际解决训练中存在的问题，能依据自身经验对员工进行有针对性的训练。那么，团队中的名师又在哪里呢？

在团队中业绩优秀且三观端正的老员工是担任名师的不二人选。绩效和三观是同等重要的，缺一不可。否则，要么本领教会了坏习惯也养成了；要么有苦劳没功劳。

企业将可以成为明师的人组织起来，同时训练他们从业务能手变训练明师，这个过程也可以叫作TTT项目，也就是企业内训师项目。当然由管理者直接担任名师也是非常好的选择，只不过管理者可能没有那么多的精力来做这件事。所以，如果人力资源部门或企业大学正在做内训师培训，请各位管理者一定要多参与多支持，把本部门绩优德佳的员工都送去学习内训师课程。他们学成归来之日就是管理者轻松带团队的开始之日。

同时，我们也建议企业的决策层和人力资源主管部门在开展人才梯队建设和内训师项目时，能将这两个项目有机地结合起来。人才梯队成员必须成为内训师，承担培养员工的责任。而内训师也可以优先成为人才梯队的一员，因为，带人也是团队管理者的重要工作之一。

第二，提出明确的训练要求。

美国的GE有一个著名的30/30模式，指的是每一个关键岗位通过30

天的学习，培养周期可以缩短30%。这个模式的背后就是对培训工作的明确要求。笔者曾经为一家连锁药房做新员工训练系统，当时这个项目的核心目标是让新任药房营业员在30天内实现独立售药。这个项目有四大难点，第一，受训人员基本都是年龄在30~40岁之间，没有任何医药背景的"小白"；第二，85%的新员工要在30天达到独立售药的标准；第三，药房规定的独立售药是指售药、收银要由同一个人完成，销售时还要实现联合用药（注：联合用药是指推荐多种药品组合，以达到提高疗效和客单价的目的）；第四，训练系统必须满足可以在多店进行复制的要求。

根据项目的总体要求，项目组通过资料研究、现场观摩、重点访谈等形式确定了药房营业员的胜任力模型，并将日常工作进行了系统拆解，对每一项任务及能力要求都设计了量化性标准，同时针对新员工训练项目的所有实施人，包括公司经理、运营负责人、HR、区域督导、店长、工作指导人、新员工，都明确了相关工作内容与工作标准。

后附这家连锁药房针对无经验人员的《新员工30天成长计划》，如表3-3所示。在这份并不复杂的计划中对培训类别、培训内容、培训要求、负责人、检查人都有着清晰、明确的描述，尤其是明确了新员工各项训练要达到的量化性指标。最终，通过各个方面的共同努力，成功实现了90%左右的新员工在30天内通过独立售药的考核，其中有10%的员工只用了24天就通过了考核。

表3-3 新员工30天成长计划

新员工姓名：　　　　　入职日期：　　年　月　日　　所属门店：　　　　　工作指导人：

时间安排	培训类别	培训内容	培训要求	时长	地点及负责人	考核及考评情况	检查人	检查结果
第1天	企业制度	考勤制度、薪酬制度、行为准则、岗位职责及日常工作流程、国家相关规定等	使新员工掌握培训内容	3小时	城市公司HR	□完成 □未完成	运营经理	□合格 □不合格
	培训安排	对新员工做出传帮带计划，布置每天事项安排。为新员工指定工作指导人	使新员工明白每天每周具体工作与培训事项；明白工作方向和目标	20分钟	城市公司HR	□完成 □未完成	运营经理	□合格 □不合格
	入职指引	新员工抵达门店，向店长报到	店长或工作指导人了解新员工情况，新员工到岗后，店长打电话至区域督导，确认新员工已到岗	15分钟	门店店长	□完成 □未完成	区域督导	□合格 □不合格
		新员工欢迎仪式，认识门店同事	介绍新员工，晨会举行，鼓掌，让新员工感受集体温暖。店长带领，在不影响店面营业的情况下，认识指导人及同事，相互热情介绍，消除陌生感	10分钟	门店店长	□完成 □未完成	区域督导	□合格 □不合格
		工作时间	熟悉工作时间，排班、门店的交接班	5分钟	门店指导人	□完成 □未完成	店长	□合格 □不合格
		熟悉店面大致布局	店长或工作指导人带领，了解店面布局	30分钟	门店指导人	□完成 □未完成	店长	□合格 □不合格
	专业知识	学习商品分类知识，商品陈列原则	掌握各类商品的大类、中类的分类知识及商品陈列原则	2小时	门店指导人	□完成 □未完成	店长	□合格 □不合格

时间安排	培训类别	培训内容	培训要求	时长	地点及负责人	考核及考情况	检查人	检查结果
第2~6天	职业化	第2~4天集中培训：职业心志、执行力	掌握职业化内容	1.5小时	城市公司运营经理	□完成 □未完成	市公司经理	□合格 □不合格
	服务礼仪	第2~4天集中培训：仪容仪表；服务礼仪；服务用语；门店服务过程中行为准则要求及接待顾客的步骤及注意事项	熟知仪容仪表，服务用语等标准要求；熟练掌握门店服务过程中行为准则要求及接待顾客的步骤	1.5小时	城市公司运营经理	□合格 □不合格	区域督导	□合格 □不合格
	收银流程	学习收银作业标准操作流程	1.熟练收银打字，作流程及注意事项；2.学会唱收唱付，正确、快速地收款找零，须保证100%正确，每位服务的平均时间小于2分钟者为合格，接待5位客人；3.掌握如何在收银时主动向顾客推荐商品，推荐顾客开办会员卡；4.掌握省医保，市医保、铁路医保划卡及收银流程	自定	门店指导人	□合格 □不合格	区域督导	□合格 □不合格
	考核	按以上所培训内容逐项进行考核	达标率为85%以上为合格，如不合格须再进行培训，考核，如合格就进入下一轮培训	自定	门店店长	□合格 □不合格	区域督导	□合格 □不合格
第7天	综合考核	按上述培训内容进行考试及相关实操考核	达标率为85%	自定	门店店长	□合格 □不合格	区域督导	□合格 □不合格

续表

时间安排	培训类别	培训内容	培训要求	时长	地点及负责人	考核及考评情况	检查人	检查结果
第8~14天	非处方药	每天：抄写非处方药中每个品类畅销、高毛利商品，抄写商品不少于20个	熟记每个抄写商品的位置、规格、单价、产地、成分、服用方法、功效、禁忌等；抽查正确率>85%	自定	门店负责人	□合格 □不合格	店长	□合格 □不合格
		对非处方药进行考核	达标率为85%以上为合格，考核；如果合格就进入下一轮培训	自定	门店店长	□合格 □不合格	区域督导	□合格 □不合格
		商品陈列	熟悉商品陈列基本操作，参与到货后的商品验收、上架、进仓等工作，做到及时理货的习惯	自定	门店指导人	□合格 □不合格	店长	□合格 □不合格
第15~21天	处方药	抄写处方药中每个品类畅销、高毛利商品，抄写商品不少于20个	1. 熟悉处方药登记、销售注意事项 2. 熟记每个抄写商品的品名、规格、单价、产地、成分、服用方法、功效、禁忌等；抽查正确率>85%	自定	门店指导人	□合格 □不合格	店长	□合格 □不合格
		处方药知识	1. 药品功效和功能主治熟悉 2. 药品的分类	自定	门店指导人	□合格 □不合格	店长	□合格 □不合格
		处方药的相关工作了解	1. 对顾客拿来的处方单审核 2. 法律、法规的熟悉	自定	门店指导人	□合格 □不合格	店长	□合格 □不合格
		对处方药进行考核	达标率为85%以上为合格，须再进行培训，考核；如果合格就进入下一轮培训	自定	门店店长	□合格 □不合格	区域督导	□合格 □不合格

第3章 没有行动都是零

续表

时间安排	培训类别	培训内容	培训要求	时长	地点及负责人	考核及考评情况	检查人	检查结果
第22~28天	其他类	每天学习保健品、计生用品等其他商品知识，每天不少于10个	熟记每个抄写商品的位置、品名、规格、单价、产地、成分、服用方法等；抽查正确率须>85%	自定	门店指导人	□合格 □不合格	店长	□合格 □不合格
每天随时	培训	每天：照看门店，接待顾客，观摩学习其他员工如何进行销售	指导人应每天注意安排时间予以辅导、培训，传授基本销售技巧	1小时	门店指导人	□合格 □不合格	店长	□合格 □不合格
	销售培训	每天：在工作过程中熟悉畅销商品的品名、位置、单价、产地、服用方法、功效、禁忌等	熟悉售前20个畅销商品的相关知识，抽查正确率须>90%	自定	门店指导人	□合格 □不合格	店长	□合格 □不合格
		每天：联合用药	掌握联合用药基本知识并加以运用，至少每天向6位顾客进行联合用药推荐，并保证至少3位成功交易	自定	门店指导人	□合格 □不合格	店长	□合格 □不合格
		每天：销售指导	单价20元以上、成功推荐4个不同种的高毛利商品，含1种保健品，指导人须予以指导	自定	门店指导人	□合格 □不合格	店长	□合格 □不合格
	卫生管理	个人区域卫生	对自己负责的卫生区须做好商品摆放乱、卫生管理，不出现货架脏、货品摆放乱、缺货、缺货断等情况	自定	门店指导人	□合格 □不合格	店长	□合格 □不合格

以下内容于新员工到来的第二天开始，每天进行相关培训，贯穿非处方药、处方药、其他类商品三个培训环节的所有过程

续表

时间安排	培训类别	培训内容	培训要求	时长	地点及负责人	考核评情况	检查人	检查结果
第29天	综合考核	按以上标准进行考试及相关实操考核	达标率为85%以上为合格，如不合格须再进行培训、考核	自定	门店店长	□合格 □不合格	区域督导	□合格 □不合格
第30天		店长或工作指导人向区域督导及人力资源负责人汇报培训考核情况，区域督导组织现场考核签署意见报公司		自定	门店店长	□合格 □不合格	运营经理	□合格 □不合格

30天成长计划考评结果

序号	项目	考核结果	考核人	考核时间	备注
1	药品知识	□优 □良 □合格 □不合格			
2	专业知识	□优 □良 □合格 □不合格			
3	销售技巧	□优 □良 □合格 □不合格			
4	服务技能	□优 □良 □合格 □不合格			
综合意见					

不积跬步，无以至千里。只有对每一项训练都有着明确的要求，才可以支撑整体培训目标的达成。接下来，请管理者们以实际工作为例完成下面的思考与练习。

> **思考与练习**
>
> 1. 在培养新员工的过程中，哪些训练项目必须有明确的要求？
> 2. 怎样描述这些要求才能使所有参与者更加明确目标？
> 3. 如何在团队中复制上述的经验？

第三，使用有效的训练工具。

工欲善其事，必先利其器。飞行员在训练时有模拟机；乒乓球国家队有一把著名的铁球拍；初学游泳时有浮板……这些都是帮助受训者准确且快速掌握技能的有力工具。

我们曾经辅导过很多企业自己制作训练工具，这些企业来自互联网行业、制造业、零售业和服务业，其中最经常使用的训练工具就是视频。比如前文提到的那个连锁药房，由总部培训部门牵头，由优秀的内训师实施，编写了56个短视频脚本，最终他们拍摄了48个短视频，内容基本涵盖了联合售药的注意事项、开办会员卡、慢性病顾客维护、日常收货和理货等日常售药时的关键时刻。在视频中有正确的操作方法，也有错误对比，这些短视频可以帮助新员工利用碎片时间进行学习，受到了新员工、店长们的广泛好评，对于实现新员工30天达标也起到了重要的推动作用。

下面，我们摘录其中的部分脚本，使计划制作视频工具的管理者们有个更直观的认知，如表3-4所示。

表3-4 连锁药房培训视频脚本样稿

主题：顾客购买指定广告药品时的处理方法 总时长：120S					
时间(S)	场景	画面	对白	画外音	备注
3	药房内	顾客进门，直接走向营业员，询问指定药品	顾客：有感康吗？	无	镜头跟随顾客，由远及近到柜台前
8	药房内	营业员面带微笑应答，快速找出药品的同时询问顾客，然后将药品放到柜台上，但手并没有离开药品	营业员：有的，我给您拿。营业员：是您吃吗？	无	镜头跟随营业员的动作，最后停留在营业员按住药品的手上
15	暂停画面	暂停的画面上出字幕：广告药通常属于低毛类药品，顾客指定时要第一时间取出，此时不要直接向顾客推荐高毛药品，防止引起顾客反感	无	同字幕	
15	药房内	顾客与营业员间的对话	顾客：是我吃。营业员：感冒几天了？顾客：有3天了吧。营业员：哦，那这样的话，不建议您吃这个药了，这个药在感冒初期可以缓解，现在不是很对症了。	无	近景，表现双方表情
……	……	……	……	……	……

因为正确的重复不是一件让人快乐的事，所以有经验的管理者会在训练过程中加入一些含有趣味性的元素，至少让训练过程变得不那么枯燥。如果能够解决员工意愿的部分，那么再艰苦的训练就会变得没那么艰苦了。

所以说，管理不是单一手段的集合，而是需要通过综合性的组合才能形成更大的力量。

快乐的原理也适用于训练工具的制作过程。农化行业的 A 公司 L 总为了激发企业内训师的工作积极性，特别组织了短视频拍摄大赛。设置了总额为 1 万元的奖金，又投资了 2 万元请专业人员讲授了短视频的拍摄技巧，最终在 2 个月的时间内，收到高质量培训用短视频 31 个，不仅解决了训练工具和相关人员积极性的问题，这次活动还为公司推行学习型组织开了一个好头。

第二种是工作教导法。

管理者对员工进行培育、培养的目的性是很强的，与未来成长相比，管理者更关注对现在绩效结果的影响。因此，由管理者来实施的培育和培养一定要结合工作任务或工作场景，而不要强调对单一技能的培训。我们将针对具体工作任务，并在日常工作中实施的培育和培养行为称为工作教导。简单说就是在实际工作中成长。

什么是工作任务和场景呢？以营销人员为例，以往企业给营销人员培训的课程有"商务礼仪""积极心态""大顾客营销技巧""客户异议处理""客户沟通技巧"，有的还会培训"结构性思维"。这些课程单独来看，都是非常经典的培训课程，但这些课程对于营销人员而言却有一个很大的问题。以营销人员拜访客户这个任务来看，在拜访客户的 30~40 分钟的时间内，完全包含了心态调整、营销、服务和异议处理这些场景，而沟通和商务礼仪又贯穿始终。上述这些内容基本上是同时发生和需要同时应用的。

这就意味着，企业基于主题的传统培训，其效果是要打折扣的。我们提倡以工作任务为主导的培训和工作教导。这种以工作任务为导向的培训项目设计叫作 TCL，其起点为 KPI，如图 3-5 所示。

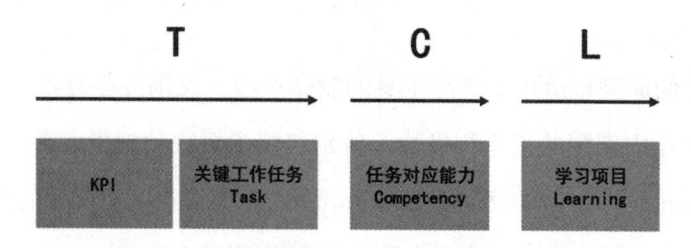

图3-5　基于工作任务的TCL培训项目设计法

运用 TCL 法设计工作教导项目主要分为四个步骤：

第一步，确定重点 KPI。

第二步，分解任务。

在此步骤中，最重要的工作是明确做哪些工作任务可以促进 KPI 的达成。比如管理者有个 KPI 是目标达成率。为达成这一指标，管理者的工作任务可以主要分解为目标分解、目标下达、过程管控和人员委派四项。

第三步，筛选关键工作任务。

如果其中的目标分解与人员委派是这名管理者的短板工作，其他两项没有什么问题，那么，现在就可以明确其关键任务是目标分解与人员委派了。

第四步，设计需要教导的学习内容。

在这个步骤里主要是确定具体的教导内容，明确要通过工作教导提升员工的具体能力清单。

现在，工作教导前的准备工作已经就绪，可以基于一个具体的工作任务进行教导了。具体的工作教导方法，管理者们只需要记住以下口诀就可以了：

我说你听；我做你看；你说我听；你做我看；做对了，多表扬，做错了，反复练。

我说你听，是指管理者要告诉员工我要教你的是什么，为什么要教你这个内容，其核心目的是什么。通过这一步骤解决员工在意识方面的认知问题。再次强调，员工对于目的的理解是首要的，其重要性有时还要大于对操作方法的理解。因为，明确目的比明确目标更有意义，只有员工知道为什么做以后，内心才会产生行动的动力。

我做你看，是指由管理者进行标准示范，在示范的同时还要讲解相关流程、具体规范和注意事项有哪些，解决员工在行动方面的认知问题，也就是怎么做的问题。

你说我听，是指让员工来讲解是什么、为什么以及怎么做，了解其对此任务的基本认知情况，解决认知的问题。

你做我看，是指由员工来进行操作，解决行的问题。需要注意的是，除非员工的操作出现严重失误并造成损失，否则员工在操作的时候，管理者尽可能不要阻断他的行动。

做对了，多表扬，做错了，反复练，是指员工行动后管理者要对其进行反馈，具体的操作方法参考"某某，我发现+ORID"。

这部分的内容比较容易理解，但越是容易理解的，有时越不容易做到。建议管理者们可以先从自家孩子身上下手，比如教孩子们煮个面，或者做一些针线活，这教的过程使用上面的口诀。

第三种是综合培养法。

综合培养法，顾名思义就是多种培育、培养方法的结合，常见的方法有：导师制、个人提升、研讨会、行动学习、培训学习、难点挑战、岗位轮换、虚拟任务和沙盘模拟。前面五种是管理者非常熟悉也是经常使用的方法，下面强调后四种方法。

难点挑战在操作上指的就是借事练人。一家家居木业公司，在研发一款新产品时遇到了技术难题，要怎么发动大家一起来解决这一难题呢？公司决定将技术难题张榜公布，并规定了相关参与办法和验收标准，不到一周时间，收到了建议近百条，最终解决了技术难题。这家公司尝到了甜头，在以后的工作中经常使用这种发榜的方式来解决问题。通过设置挑战项目，公司涌现出一批有想法有冲劲的技术人员，他们在完成挑战的过程中也极大地提升了个人能力。

岗位轮换这种方式在国企中应用较多，民营企业使用这种方式的就不多了。究其原因，很多民营企业更注重"能人文化"，强调个人能力在某一方面的突出贡献。岗位轮换是提高员工综合能力的有效方式，也是解决跨部门沟通问题的方法之一。

岗位轮换可以训练员工水平思考能力，帮助员工从多个角度看问题，有效提升其大局观。通常情况下，岗位轮换可以发生在从技术换向管理，从职能管理换向业务管理，从总部换向区域。如果受企业体制及规模制约，无法推行大范围的岗位轮换，也可以采用内部兼职的方法实现岗位轮换的目的。操作方法也很简单，比如让人力资源部经理兼任销售部副经理，质检部经理兼任生产部副经理。

虚拟任务是开发员工潜能的典型方式，注重的是思维过程，而不是最终任务的成果。我们在企业人才梯队培训后的作业上经常使用这种方法。

比如在一个城商行总行组织的储备干部培训班上，我们给所有学员布置了由三个问题组成的开放式问卷。第一个问题：请描述一下，在未来3~5年后商业银行会发展到什么样子？第二个问题：如果未来正如你所想，那么会给我们行现在的经营、技术和管理等方面带来哪些挑战？第三个问题：为了应对这些挑战，我们行现在要在经营、技术和管理方面做哪些工作？

沙盘模拟起源于军事战争，最早将这种方式用于培训的是西方的一些管理学专家。他们为了解决管理者能够在贴近实际工作的演练中学习，结合军事沙盘的特点，开始了经营和管理沙盘。沙盘模拟课程有三个显著特征：

第一，有一个特定的背景。如在某一个领域内有多家企业进行竞争；几个虚拟国家间的合纵连横；为了取得金块进入大山掘金；或是模拟长征历程等。

第二，会给每一个参与者以不同的角色身份，让他们承担不同的任务。

第三，时间的连续性。在沙盘演练过程中，可以让所有学员真实地感受到之前的某个决策对未来的影响，这种效果是传统的案例教学很难实现的。

在沙盘模拟的课程中，有90%的参与者承认自己在沙盘演练过程中的表现与自己平时的行事方法高度吻合。因此，沙盘模拟课程可以有效改变学员思维、帮助学员进行系统性思考，并在检验其思路、方法和能力方面发挥重要作用。企业可以通过沙盘模拟这种新颖的培训形式实现寓教于乐，让学员在体验中、快乐中、演练中、错误中和改进中学习。目前，有些企业也将沙盘课程用于人才测评，在演练中对人才进行系统评价。

接下来，我们通过两家企业的实际案例帮助大家拓展思路，以便在各自企业中更好地使用综合培养法。

首先是著名房产企业万科集团。

万科集团在培养干部的过程中，就系统性地应用了综合培养法。万科集团的人才培养方法论主要包括3个部分：

1."读万卷书"：从课堂中学习

万科集团为不同层级、不同资历的人安排了不同类别的培训课程，比如新动力培训、新经理培训和资深经理培训等。

2."行万里路"：在工作中学习

在工作中学习项目安排中，除了设置挑战性任务外，还提倡总部、区域、一线经验，"一个都不能少"的轮岗位式培养。

3."名师开悟"：向卓越的人学习

在万科集团，会由总经理亲自担任资深经理的教练，指导其工作。也会聘请外部领导力顾问帮助核心管理人员成长，同时还开展高管的国际化之旅，使高管们能够开阔眼界，增长见识。

接下来举一家商业银行的案例，这家银行近年来出现了较严重的人才断层，为有效解决这一问题，总行人力资源部门在总行领导的有力支持下开展了名为"三青计划"的梯队人才培养计划。何为三青呢？

青苗计划：针对骨干员工，将骨干员工培养成为基层管理者。

青松计划：针对基层管理者，将基层管理者培养成为中层管理者。

青山计划：针对中层管理者，将中层管理者培养成为中高层管理者。

在具体的培养方法上，这家商业银行运用TACT模式对"三青"人才进行系统培养。TACT是以教育培训（Training）、个人提高（Self-arise）、导师辅导（Coaching）、行动学习（Task assignment）为核心的人才培养体系。

具体情况如下，如表3-5所示：

表3-5 TACT模式下"三青"人才培养体系

培养类别	主要方式	说明	青苗	青松	青山
T 教育培训	课堂培训	运用内外部资源进行管理知识、技能类相关课程的集中学习与研修	√	√	√

续表

培养类别	主要方式	说明	青苗	青松	青山
A 个人提高	交流研讨	发掘内外部资源，开展高层对话交流及优秀标杆企业学习以开拓思维、学习创新	–	√	√
	书籍阅读	通过阅读各类对岗位有帮助的优秀书籍，获取各方面知识、技能及素养的提升	√	√	√
	资格认证	通过参加相关职称/职业资格考试，取得相应资格认证	√	√	–
C 导师辅导	导师制	与间接上级接触，定期进行职业谈话	–	√	√
	导员制	直接上级进行"传帮带"，指导其在本职上取得更优绩效	√	√	√
T 行动学习	轮岗见习	以一线、二线、管理部门一个都不能少为原则进行轮岗	–	√	√
	内部兼职	在承担本职工作的同时，兼职业务关联部门同级别的副职	–	–	√
	虚拟任务	设置虚拟任务，考察后备人才的意识和思维情况	–	√	√
	难点挑战	基于本职设置难点任务挑战，发现后备人才更多潜能	√	√	√
	课后作业	课堂学习后布置作业，促进学习成果转化	√	√	√
	工作历练	通过主导相关工作进行历练，促进理论与实践相互结合	–	√	√

> **思考与练习**

1.请以你的某位下属为实例，你将运用哪些手段对他来进行培养？

2.请结合行业和企业特点，给你的下属布置一个虚拟任务，了解一下他们的意识和潜能情况。

前面我们分别阐述了影响员工行动四大因素中的三个：意愿、特质和能力。接下来看最后一个也是最重要的一项——状态。我们把意愿比做开关，特质决定了效能的空间，能力是行动的弹药，而状态则最终决定效能的产出值。员工没状态或是状态低迷是无法产出太多价值和效能的。

状态决定了效能产出值

首先，先介绍几个医学方面的名词：多巴胺、血清素和内啡肽。这是在人体内可以让人快乐的三种物质。

多巴胺，是一种神经递质，最简单的理解就是把递质当成快递小哥，多巴胺只负责某些特定包裹的运送，比如运动控制、行为选择和强化学习。

在了解多巴胺后，我们再来了解另一个使人快乐的物质——血清素。血清素也是一种神经递质，其最重要的三个作用是调节心情、控制睡意和产生食欲。血清素本身并不产生快乐，但它是可以控制人们能否感受到快乐的那扇门。

最后，说一下内啡肽，内啡肽是一种延时满足，一般要经历一个不愉快的体验才会获得。所以说，内啡肽是一种人体的补偿机制，是被打一巴掌后给你的那颗小甜枣。

简单了解多巴胺、血清素和内啡肽后，这三种让人快乐的物质给了我们什么启发呢？

要维持一个人很好的状态，就要先让他对快乐和满足产生期待，然后经过一段努力后获得最终的快乐和满足，同时在过程中不断地调节情绪使其感受到快乐。这三种物质，我们最终追求的还是内啡肽，考虑到内啡肽的产生机理，人们只有经过不愉悦的体验才能获得最终的愉悦。此时内啡肽的分泌也会为"上瘾"形成一种正向的支撑，使得人们选择继续做类似的事情，最后形成一个良性的循环，这样，良好的状态就产生了。

那么，在管理上，多巴胺、血清素和内啡肽又是什么呢？管理者要怎么做呢？

在调动员工状态方面，这三种物质的作用机理都可以成为管理的行为或是称为管理手段。血清素可以是决定人们选择快乐的大门，这种快乐有来自多巴胺的事前快感，也有来自内啡肽的事后快感，总之，是有要甜头的。所以，管理者在调动员工状态的过程中最重要的是让员工尝到甜头，如果员工在事前和事后都能够获得满意，那么其状态就会向好的方面发展并且得到持续。

提到满意，有必要深入研究一下这个词，或是这种感觉。

先来谈两个问题。

满意的对立面是什么？

不满意的对立面是什么？

有人说，这还不简单吗？满意的对立面是不满意，不满意的对立面是满意。结果真的是如此吗？假设客户的投诉率为0，也就是不满意度为0，那么客户的满意度是多少？你会发现，答案是不知道。因为，投诉率只能代表不满意度，并不能代表满意度的得分。

美国著名的行为学家赫茨伯格经过大量的调查研究发现，人们对工作非常不满意的原因主要包括工资低、工作条件差、管理严格和人际关系不好等。人们对工作非常满意的原因有成就、认可、工作本身和未来的可能性等。这个调研结果让我们发现这样一个奇特的现象：

人们对工作非常不满意的原因和非常满意的原因是不一样的。

赫茨伯格的研究成果表明，满意的对立面是没有满意，不满意的对立面是没有不满意。这样表述还是有些拗口的。

在中国,用两个字就可以说明这个理论。当你被问到"你对单位满意吗?"你会怎么回答?如果问你"对单位不满意吗?"你会怎么回答?

大多数的中国人都会回答两个字:还行。

满意吗?还行。不满意吗?还行。这"还行"二字就是介于满意和不满意中间的一种感觉。

赫茨伯格基于上述研究,提出了双因素理论,即保健因素与激励因素。这个理论也与大家相对比较熟悉的马斯洛需求层次理论有相似之处。保健因素相当于马斯洛提出的生理需要、安全需要和社会需要等低级需要;激励因素相当于尊重需要和自我实现需要。

保健因素的核心是防止员工产生不满,企业要从以下几个方面做好工作:工资、监督、地位、安全、工作环境、政策与管理制度和人际关系等。

激励因素的核心是激励员工的工作热情,企业要从以下几个方面做好工作:工作本身、赏识、提升、未来的可能性、责任和成就等。

这激励因素中,我们特别强调一个关键要素:未来的可能性。

为什么要特别强调这个词在满意因素中,乃至在调动员工状态过程中的重要性呢?

来看和工作有关的一个问题,高工资是否会让人努力工作?也就是工资上浮50%,一个人的努力程度是否也会随之上浮50%?答案是否定的。

一对夫妻要了二胎,家里事多忙不过来就请了一个保姆。前后找了几个保姆都不满意,不是责任心不强就是干活不利落。后来,经朋友介绍了一位叫张姐的,张姐是山西临汾人,家里只有一个儿子和她相依为命,儿子考大学来了北京,张姐也就跟了来,在校外租了个房子。平时做保姆,一方面是为了生活,另一方面也是因为闲不住。干了一个月后,这对夫妻对张姐特别满意，就想能一直留住张姐。老婆的意见很直接，工资从3000块钱涨到6000块钱，张姐一定会更努力并且愿意留下来不走的。老公的意见不一样，他和老婆说出了自己的疑问，工资涨一倍，努力程度能跟着涨一倍吗？老婆说肯定不能，那怎么办呢？老公说你看我的。

第二天老公对张姐说："张姐，自从你来我们家以后，平时家务做得都挺好的，可真是帮了我们的大忙，特别感谢你。如果家里的油烟机你能每天都清理一下的话，下个月开始我一个月给你加500块钱。"

一个月后，张姐做到了，夫妻自然兑现了诺言。又过了一个月，这位老公又对张姐说，家里阳台、储物间里的杂物如果能经常收拾一下，再给加500块钱。不用多说，一方多干，一方多给钱，双方都做到了。再后来，夫妻二人的方法就不多说了，大家也都明白了，最终的结果是夫妻二人给张姐的工资从3000块钱涨到6000块钱，用时9个多月，双方的满意度都特别高。

这里面的道理是什么呢？高工资不一定会让人努力工作，而获得高工资的可能性才会让人努力工作。此时，千万不要忘记多巴胺。多巴胺是诞生于事前，但却是对事后的渴望，其本质就是这种未来的可能性。

所以，我们调动员工状态的方法之一就是，一定要给员工未来的可能性。这种未来的可能性并不是大家经常讲的画大饼。画大饼画的是未来，但却没有让员工看到可能性。看不到可能性的大饼不但无益，而且还有害。

同时，我们也强调，这种未来的可能性也要包括即时、短期、中期与长期，这些多周期的组合式奖励设置。有的管理者会很认真地对下属说，好好干，三年后我的位置就是你的。我们先不去怀疑这段话的真伪，我们从员工的角度出发，听到这句话会怎么想呢？有的员工心里可能会对领导说：三年后？领导，我明年还在不在公司，我自己都不清楚，你和我说三年？可想而知，这样的激励在员工眼里只会成为一个纸上的大饼。

生活中，做什么事会让人乐此不疲而且状态特别好呢？游戏一定是其中一个。想想看游戏为什么能做到这一点呢？

游戏允许人个性：昵称、头像、性别可以自定义。

游戏有新人指引：不但给你学习的时间还给你具体的指引。

游戏有即时反馈：错了马上掉血，对了有积分奖励，一切都即时反馈。

游戏有荣耀系统：各种榜单会让你成为别人仰慕的存在。

游戏允许失败：被打倒了没有关系，起来再战，还是勇士。

游戏有声光电：感官刺激会让人兴奋。

……

思考与练习

你觉得游戏中还有哪些设置会让人们乐此不疲呢？

1.

2.

3.

4.

5.

总结一下调动员工状态的基本方式。

第一，要像血清素一样调节人的情绪，尤其是早上上班的时候不要骂人，要以鼓励为主。

第二，设置一些多周期的可能性，激活员工体内的多巴胺。

第三，不要让工作太顺利，适时安排一些挑战，刺激内啡肽的分泌。

第四，劳逸结合，组织一些或轻松或流汗类的活动，保持三大快乐物质的协调。

第五，向参加体育比赛学习，大赛之前都有热身赛。

第六，注意循序渐进，一口吃不成一个胖子。

第七，帮助员工远离恶性多巴胺，不要图一时之快，以牺牲未来为代价。

第八，多做一些即时反馈，方法参考"某某，我发现+ORID"。

第九，向游戏去学习，让工作过程变得有意思。

第4章
匹配才是关键

在"事"的层面，管理者做好了目标、计划、服务、调控、评价和改进，在"人"的层面，管理者做好识别特质、激发意愿、培育能力以及调整状态的工作。秩序强调该干什么干什么，行动是如何让人愿意和能够去该干什么干什么。这中间自然就离不开事与人的匹配了，而且这种匹配是随着外部或内部环境不断变化而要实现的动态匹配。因此，我们说匹配才是关键。

事和人的匹配才是关键

匹配的重要性无须多言。企业中"事"和"人"的匹配最直接的体现就是人岗匹配。人岗匹配主要通过三个方面的工作来进行验证，第一个是入职甄选，第二个是行为准则，第三个是绩效达标。

首先来看入职甄选。

入职甄选是验证人岗是否匹配的第一道防线。接下来，我们将一起了解一下，管理者如何在入职甄选环节能够找到那个有高绩效潜力的人，提升慧眼识人的能力。

在一些甄选过程中，没有掌握相关甄选知识和技能的管理者会问出很多"奇葩"的问题，比如想了解对方的抗压能力，会很直接地问，我们这里工作压力比较大，你能适应吗？想了解沟通能力，会直接问你的沟通能力如何？类似的问题还有你怎么看待团队协作的？上述的这些问题从本质上看并不是在了解对方的抗压能力、沟通能力以及团队协作能力，而是在考验对方的智商。但凡对方智商测评超过 80 分的就会回答：能适应、挺好的，我觉得没有最棒的个人只有最棒的团队……上述这些问题都属于引导性问题。什么意思呢？就是问题即是答案。

管理不是一门严谨的科学，但管理自有其套路，很多工作都是一环套一环的，基础打好了，后面很多事就变得容易了很多。当我们明确一个岗位的胜任力模型以后，再来看人员甄选就容易得多了。

如某公司客服人员的胜任力模型中有一项胜任要素是客户导向，其描述如下表4-1所示：

表4-1 某公司客服人员客户导向胜任要素释义

核心胜任能力名称	定义	等级	描述
客户导向	试图满足客户期望的程度。关心工作质量以得到客户满意，包括有效、恰当回应客户要求	1	在客户问题出现后做出反应
		2	主动寻求理解客户问题并满足客户需要
		3	超越客户问题添加服务价值，并超出客户期望
		4	为客户与组织的长期互惠牺牲短期利益

了解候选人在客户导向的真实情况更适合采用行为性问题。

行为性问题是基于胜任力要素而针对候选人过去的行为而发问的方法。行为性问题有两个假设性前提。一个是说与做是两件不同的事；另一个是一个人过去的行为最能预示其将来的行为。有学者做过统计，行为性问题的准确度可以高达55%，已经是甄选方法中排名较高的方法了，而且行为性问题不需要非常专业的面试知识，因此在操作方面更具便利性，非常便于非人力资源专业人士的掌握和使用。

假设此时候选人有2名，简单称她们为小A和小B。我们先问小A这样一个问题：

"你能给我们讲一个，你曾经遇到过的你认为比较严重的，并且让你印象深刻的客户投诉吗？当时是什么情形，你是怎么做的？结果如何呢？"

小A回答："我之前是在一家淘宝店做客服，其实也属于是销售人员。去年夏天发生了一件事，有一个读大四的学生在我们店里买了36套衣服，要拍毕业照。可是由于我们库房发货的原因导致有3件衣服号码发小了，这衣服号码大一些还能凑合着穿一下，不会很影响拍照，可衣服号码小了实在是穿不进去。买家就向我们大发脾气，骂出来的话可难听了，还是名校大学生呢，特别没素质。"

考官问："为什么说印象很深刻呢？"

"以前我们也遇到过类似问题，虽然也有态度不好的，但是从来没遇到过这样骂人的，而且说话也挺不讲理的，说什么我们毁了他的大学生活，说我们库房人员是不识字还是眼睛瞎，还各种差评威胁。这个买家让我对大学生特别失望，我们做客服的也是真不容易，什么样的人都会遇到……"

"那你是怎么处理的呢？"

"我还能怎么办？按公司的规定，他们需要把那三件衣服寄回来，如果经检查不影响二次销售的话，那么我们再把调换后的三件衣服寄给他们。"

如果小A的回答是这样的，请对比一下客户导向的胜任力描述，她的客户导向级别处在第几级？

答案是第一级。

再来看同样的问题，小B是如何回答的。

小B回答："我之前在一家淘宝店做客服，其实也属于是销售人员。去年夏天发生了一件事，有一个读大四的学生在我们店里买了36套衣服拍毕业照。可是由于我们库房发货的原因导致有3件衣服发错了码，买家因此就向我们大发脾气，态度确实非常不好。"

"那你是怎么处理的呢？"

"我对他说，给您带来不好的体验感，请您原谅，也请您消消气，听我说一下解决方案。先生，按规定您需要把那三件衣服寄回来，如果不影响二次销售的话，那么我们会把调换后的三件衣服寄给您，但您这边要求的时间比较急，我完全可以理解。我申请给您这样办，现在是中午，您用手机拍一下这三件衣服的视频，我们通过视频检查一下是否影响二次销售，如果没问题的话，那么您今天就把这三件衣服快递给我们，并把快递单号告诉我，只要我们查到这个快递被接收了，我这边就通知库房给您补发顺丰空运,如果顺利的话,后天中午您应该可以收到。但物流情况我并不能完全保证,还请您理解。如果您同意这个方案的话,那么我现在就通知库房,让他们晚些下班,今天一定把您需要的衣服寄出去。"

如果小 B 的回答是这样的,请对比一下客户导向的胜任力描述,她的客户导向级别处在第几级?

二级肯定没问题,三级并没有完全做到,但做到一半是有的。所以,我们可以给小 B 定为二级半。

上面的例子就是行为性问题的典型应用。同时,管理者在听取行为性问题的回答时,还要特别关注三个是否。

第一,阐述是否明确。面试考官一定要注意候选人非行为特征的描述,比如应该、我想、可能、经常、大家,等等。

第二,阐述是否完整。在候选人的回答中是否包括了当时事件的情形、目标、感觉、行动、结果、结论、教训等。

第三,证据是否确凿。注意是否得到判断其胜任力等级描述的足够证据,以判断其行为等级。

最后,面试考官只需要根据自己的经验来判断候选人所讲述的内容是真是假。这里介绍一个来自行为心理学的小知识。在介绍这个小知识之前,先做一个小测试,请认真配合完成以下测试:

现在,请认真思考一下,如果彩票中奖 1000 万,那么这钱要怎么花?

回忆一下,在思考 1000 万怎么花的时候,你的眼睛向哪个方向转动了? 85% 的人会向右上方转动。行为心理学家的结论表明,人们思考时眼睛向自己的左上方看时,表示在回忆。向自己的右上方看时,表示在描绘,也就是思考一件并不存在事,简单地说就是在说谎。需要强调的是 85% 的人是这样的,如果你刚才是向左上方看的,那只能说明你属于那 15%,或者说明你真的有 1000 万。

现在的"面霸"很多,所以面试考官更需要一双慧眼来识人。面试考官在面试甄选时可以先问对方几个肯定不需要说谎的问题,看对方的眼睛是向左还是向右,再把你要了解的重要问题夹在其中,看对方这时眼睛的转动方向是否与最初不需要说谎时眼睛转动的方向一致。

接下来,又到了思考时间。

思考与练习

如果你需要了解对方成就欲的等级情况,你会问对方哪些问题?

1. 在以往的工作中,你有没有遇到过挑战?当时是什么情形,你在当时是怎么想的、怎么做的?结果如何?

2.

3.

其次,是行为准则匹配。

当员工经甄选进入到企业后,企业就要先判断其行为是否符合组织规范,这是验证人岗匹配的第二个措施。在组织中,好的行为不一定会产生好的结果,但不好的行为一定不会产生好的结果。这里指的行为准则不仅是指公司的管理制度、作业流程,还包括其行为是否符合企业所倡导的企业文化以及价值观,后者是最重要的。

我们以阿里巴巴在2004年确定的2.0版价值观为例,详细介绍一下阿里巴巴是如何对待员工行为准则匹配的。

2004年2.0版的阿里巴巴价值观也被称为"六脉神剑",具体内容如下:

客户第一:客户是衣食父母

团队合作:共享共担,平凡人做非凡事

拥抱变化：迎接变化，勇于创新

诚信：诚实正直，言行坦荡

激情：乐观向上，永不言弃

敬业：专业执着，精准求精

阿里巴巴将六个核心价值观细化为具体的行为准则，每个价值观的行为准则有五条，行为准则按难易程度从低到高的顺序排列，每个价值观总分最低0分，最高5分，最小评分单位为0.5分。考核实行通关制，如果较低分数未能做到，那么就没有机会进阶。如果每项只做到部分，可得0.5分。3分以下只要没有不符合的案例即可得分，3分以上（含3分）需要有符合的案例说明。

各价值观行为准则如下表4-2所示：

表4-2　阿里巴巴核心价值观的行为准则

价值观	分数	行为准则
客户第一	1	尊重他人，随时随地维护阿里巴巴形象
	2	微笑面对投诉和受到的委屈，积极主动地在工作中为客户解决问题
	3	与客户交流过程中，即使不是自己的责任，也不推诿
	4	站在客户的立场思考问题，在坚持原则的基础上，最终达到客户和公司都满意
	5	具有超前服务意识，防患于未然
团队合作	1	积极融入团队，乐于接受同事的帮助，配合团队完成工作
	2	决策前积极发表建设性意见，充分参与团队讨论；决策后，无论个人是否有异议，必须从言行上完全予以支持
	3	积极主动分享业务知识和经验；主动给予同事必要的帮助；善于利用团队的力量解决问题和困难
	4	善于和不同类型的同事合作，不将个人喜好带入工作，充分体现"对事不对人"的原则
	5	有主人翁意识，积极正面地影响团队，改善团队士气和氛围

续表

价值观	分数	行为准则
拥抱变化	1	有主人翁意识，积极正面地影响团队，改善团队士气和氛围
	2	面对变化，理性对待，充分沟通，诚意配合
	3	对变化产生的困难和挫折，能自我调整，并正面影响和带动同事
	4	在工作中有前瞻意识，建立新方法、新思路
	5	创造变化，并带来绩效突破性地提高
诚信	1	诚实正直，表里如一
	2	通过正确的渠道和流程，准确表达自己的观点；表达批评意见的同时能提出相应建议
	3	不传播未经证实的消息，不背后不负责任地议论事和人，并能正面引导，对于任何意见和反馈"有则改之，无则加勉"
	4	勇于承认错误，敢于承担责任，并及时改正
	5	对损害公司利益的不诚信行为正确有效地制止
激情	1	喜欢自己的工作，认同阿里巴巴企业文化
	2	热爱阿里巴巴，顾全大局，不计较个人得失
	3	以积极乐观的心态面对日常工作，碰到困难和挫折的时候永不放弃，不断自我激励，努力提升业绩
	4	始终以乐观主义的精神和必胜的信念，影响并带动同事和团队
	5	不断设定更高的目标，今天的最好表现是明天的最低要求
敬业	1	今天的事不推到明天，上班时间只做与工作有关的事情
	2	遵循必要的工作流程，没有因工作失职而造成的重复错误
	3	遵循必要的工作流程，没有因工作失职而造成的重复错误
	4	能根据轻重缓急来正确安排工作优先级，做正确的事
	5	遵循但不拘泥于流程，化繁为简，以较小的投入获得较大的工作成果

阿里巴巴价值观行为准则的最终得分采用 5 分制，价值观得分等于每条价值观得分总和除以 5，例如价值观得分总和为 12 分，则价值观最终得分：12/5 = 2.4 分。最后，将价值观行为准则得分划分为以下等级，如表

4-3 所示：

表4-3 阿里巴巴价值观行为准则的评分办法

定义	优秀	良好	符合期望（正常）	需改进
总分	24分以上（含24）	18（含）~24分	18（含）~12分	12分以下
平均得分	4.8分以上（含4.8）	3.6(含)~4.8分	3.6(含)~2.4分	2.4以下

有了行为准则、评分办法之后，阿里巴巴就可以对人员行为准则匹配结果与人才的使用情况相挂钩了。具体在应用时，阿里巴巴将行为准则考核结果与绩效结果相结合，以此产生了人才矩阵，如图 4-1 所示。

20%	辞退	有明星潜力，重点辅导	提升奖励
70%	辞退	鼓励提升	有明星潜力重点辅导
10%	辞退	限期改进	换岗
	10%	70%	20%

业绩（纵轴）／行为准则匹配度（横轴）

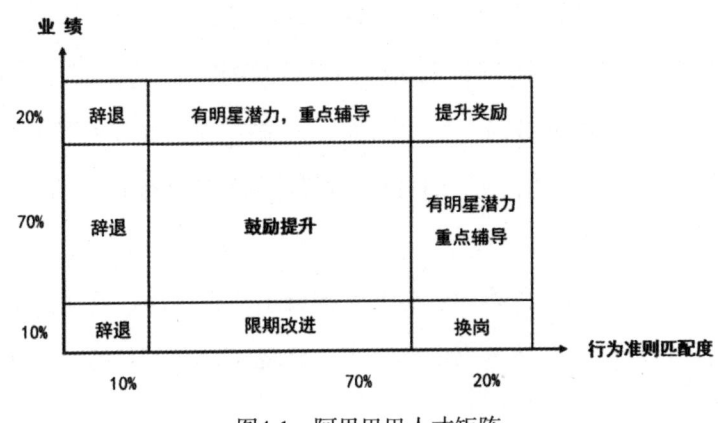

图4-1 阿里巴巴人才矩阵

通过了解阿里巴巴对行为准则的匹配度要求，我们不难发现，当企业内部有了明确、统一的行为准则后，才更能形成合力使人更好地达成绩效目标。

既然提到了绩效，我们接下来就来看验证人岗匹配的最后一项措施。

最后是绩效达标。

将绩效达标情况作为验证人和岗是否匹配的一项措施，是目前很多企业的通用做法，只不过在执行过程中容易出现一些技术上的偏差。这些偏差主要表现在以下 5 个方面：

1.指标来源

绩效指标的来源主要分为战略分解法、岗位职责提取法和关键行为法。战略分解的方法之前已经系统地解析过了，在 OGSMA 目标管理法中 G（目标）和 M（测量标准）就是不同职级人员的考核指标。

如果是前台的业务部门，那么考核指标会非常容易进行提取，但对于中后台部门想将考核指标进行量化就不容易了。所以，推荐使用岗位职责提取法和关键行为法这两种方法。

首先是岗位职责提取法。

从岗位职责中提取考核指标的前提是企业得有规范化的岗位职责。标准的岗位职责在描述时要避免采用模糊性的动词，如"负责""管理"等；要避免采用模糊性的数量词，如"许多""一些"等；要避免采用任职者或其上级所不熟悉的专业化术语。具体职责描述的句式规范是：动词＋宾语＋目的描述，如图 4-2 所示。

宾语就是一个名词，动词＋名词就构成了动宾短语，后面的目的描述特别重要。目的这个词在本书中已经多次出现了，有了目的，工作才有靶心，也有利于员工产生内在动力。

动词	宾语	目的描述
收集	财务数据	审核各部门提出的预算费用需求
驾驶	员工班车	在工作日接送员工上下班
统计	客户数据	向公司管理层汇报老客户流失率

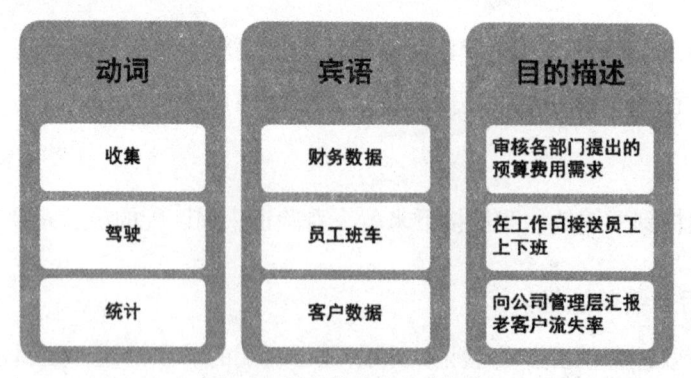

图4-2　职责描述的句式规范

在编写岗位职责时需要注意，尽量写做什么，而不是写细节方面的怎么做，怎么做可以在作业指导书中体现。同时注意写目的描述时要写直接目的，而不要写间接目的。比如，动词"收集"+宾语"财务数据"+目的描述"保证财务工作顺利开展"。这样的目的描述就不是直接目的了，因为很多财务方面的工作最终都是要保证财务工作顺利开展的，而把目的描述写为"审核各部门提出的预算费用需求"就直接了很多。

思考与练习

现在，请选择一个你比较熟悉的岗位，尝试着写出这个岗位的三条职责。

岗位名称			
序号	动词	宾语	目的描述
1			
2			
3			

岗位职责编写好以后，就可以提炼考核指标了。提炼的原则是：职责的目的描述是为谁服务的？对前面动宾短语在数量、质量、成本和时间上的要求就是考核指标。

比如：驾驶+员工班车+在工作日接送员工上下班

在工作日接送员工上下班是为公司和员工服务的，公司和员工对司机驾驶员工班车的主要要求是接送次数、准时、安全、卫生、百公里油耗。那么，这五项要求就是可以从此条岗位职责中提取出来的考核指标了。

统计+客户数据+向公司管理层汇报老客户的流失率

向公司管理层汇报老客户流失率是为公司管理层服务的，公司管理层对统计客户数据的主要要求是及时性和准确率。那么，及时性和准确率就是这条岗位职责提取出来的考核指标。

思考与练习

请尝试为前一个"思考与练习"中的三条岗位职责提炼相关的考核指标。

岗位名称	
职责	可提炼的考核指标
1	
2	
3	

从岗位职责中可以提取出多个考核指标，这些指标都可以编入岗位的考核指标库，管理者可以根据实际需要，在指标库中选择适合的指标进行实际考核。

其次，是关键行为法。

关键行为法在操作中也是很简单的，此种方法的考核指标主要来自3个方面：

（1）为完成KPI所采取的策略、计划以及行动；

（2）当前的重点工作；

（3）上个考核期的工作短板。

关键行为法将考核结果分为结果和关键步骤两个部分，关键步骤的分数要大于等于结果的分数，以此来明确行为的重要性。

以某公司市场部经理的关键行为指标为例，如表4-4所示：

表4-4 某公司市场部经理的关键行为指标

考核项目	绩效标准
制定公司产品阶段性营销方案	结果（10分） 于6月20日前完成第二阶段营销方案，并通过营销总监审核下发至各省区 完成得10分，未完成不得分 关键步骤（20分） 1. 6月10日前完成产品推广指导意见、营销和优惠政策的制定，完成得10分，未完成不得分 2. 6月18日前将制定的营销方案提交营销总监审核，完成得10分，未完成不得分

如果说 KPI 是定量衡量的，那么关键行为法就是定性衡量的，适用于考核那些结果不易量化的、侧重考察工作过程的工作。关键行为法可以弥补 KPI 考核的不足，广泛适用于过程性、长期性和辅助性工作，可以与 KPI 考核相补充。

2.指标数值

在校园中曾经流行一句话，六十分万岁，多一分浪费。这句话讲的是只要达到基本目标，就不需要再努力了。如果一个组织永远追求正向的增长，只要这种增长是健康的，那么就不应该被限制。可在企业进行绩效评估时，我们有没有在机制上或是在指标设计上鼓励员工达到更高的目标呢？

企业在设定考核评估指标时应该至少设置两个目标，一个作为基本目标，另一个作为挑战目标。低于基本目标意味着低于预期，会影响其绩效奖金，达到挑战目标意味着超常的绩效，应该予以鼓励或奖励。企业用挑战目标来对员工的绩效情况进行区分，否则在设计上就会出现"六十分万岁，多一分浪费"的情况。

那么，基本目标和挑战目标的数值要如何确定呢？从实践上看，我们建议将 60%~70% 的员工能够达成的目标作为基本目标，把 10% 的员工能够达成的目标作为基本目标。比如，在一个团队中，10% 的员工可以达成 200 万的月度业绩，60%~70% 的员工可以达成 150 万的月度业绩，剩下的员工只能完成 100 万的月度业绩。那么，月度绩效的基本目标就定为 150 万，挑战目标定为 200 万。

同时，管理者在设计某岗位考核指标时，也不要只设计单一的业绩指标，以销售岗位为例，还可以设计新客户开发数、回款率等指标，这样，每个优秀的销售人员都有机会在一些单项达成挑战目标。

3.指标权重

权重就是指挥棒，管理者想强调什么就调高相应的考核权重。分配权重时最忌讳的是雨露均沾，面面俱到。如果所有的事项都是重点了，那么就没有重点了。将某一单项指标的权重设置过高也是不合理的，这种设置也会让员工盲目追求该指标而忽略其他考核指标。管理者在设置指标权重时牢记以下原则：

原则一：单项指标权重最低值不能低于10%。

原则二：单项指标权重最高值不能高于50%。

4.数据来源

通过绩效来验证人岗匹配，关键还在于证据是否充分、有力。为什么360度考核在国内很难落地呢？其根本原因就是运用360度进行考评时采用的多是主观打分，主观打分在信服度方面会被弱化，最后很可能考核的不是某项结果指标而是考核某人的人际关系了。

绩效考核的分数必须是算出来的，不能是打出来的。

如果分数要实现是客观计算得出，那么就要求考核数据来源的真实性与准确性。我们在前文讲解制度必须包括的五大部分中有一项是表单，这份表单就是算分的数据来源，可以有效解决考核过程中铁证如山的问题。

5.加分项目

绩效考核被员工吐槽为扣钱的工具，其中有一个原因是考核是满分倒扣制，这种设置本身就是容易出现问题的。因此，在设计考核指标时还要考虑加分项目，以达到激励员工持续努力的目的。

加分项目在设计时主要考虑两个方面的内容：

第一，奖励单项指标达到挑战目标；

第二，奖励员工超出职责范围所做的工作。

在前文中我们讲解过绩效考核的副作用之一是分化团队，因为当每个人只关心自己的 KPI 时，团体关系就会变得紧张。因此，在设计加分时也要鼓励员工多做一些工作。我们以农化企业 A 公司为例，看一下这家企业在绩效管理制度中关于加分项目的规定，如图 4-3 所示。

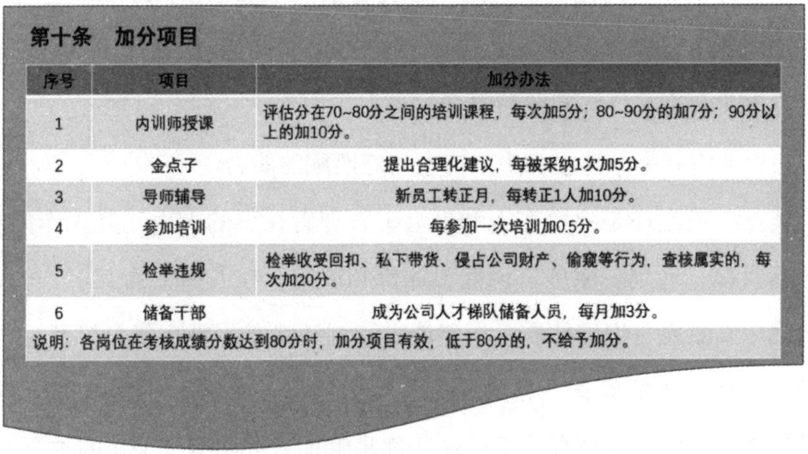

第十条 加分项目

序号	项目	加分办法
1	内训师授课	评估分在70~80分之间的培训课程，每次加5分；80~90分的加7分；90分以上的加10分。
2	金点子	提出合理化建议，每被采纳1次加5分。
3	导师辅导	新员工转正月，每转正1人加10分。
4	参加培训	每参加一次培训加0.5分。
5	检举违规	检举收受回扣、私下带货、侵占公司财产、偷窃等行为，查核属实的，每次加20分。
6	储备干部	成为公司人才梯队储备人员，每月加3分。

说明：各岗位在考核成绩分数达到80分时，加分项目有效，低于80分的，不给予加分。

图4-3 A公司在绩效管理制度中的加分项目细则

如上图所示，需要注意的是，在 A 公司加分规则中，各岗位考核分数高于 80 分时，才可以进行加分。这一条的主要目的是要求员工先以本职工作为根本，不能说进行 5 次举报就可以得 100 分了。

各公司可以根据自己的实际情况设计加分项目，加分的事项就是企业想提倡、想鼓励的事情。

思考与练习

请尝试设计 3~5 个绩效加分项目。

1.

2.

3.

4.

5.

以上就是企业验证人岗匹配的三大方式。企业想扎实地做好人岗匹配工作，就需要动用强大的组织能力，而组织能力也正是管理者的核心能力。

在管理学界，因流派、认知和解构方法的不同，造成了组织能力有若干种定义，不论是哪一种定义都有其内在的道理。我们在这里也给组织能力下一个非常简单且好理解的定义。

组织能力就是保持组织中人与事动态匹配的能力。

其重心最终还是要落在人和事上，管理者在事的方面，其工作内容主要包括目标、计划、服务、调控、评价和改进。在人的方面其工作内容主要包括激发意愿、识别特质、培养能力和调动状态。要实现人与事的匹配，管理者还要在入职甄选、行为准则和绩效达标三个方面不断地进行验证，以掌握人与事的匹配情况。上述这些都是管理者进行组织工作的主要内容，也是管理者组织能力的外在表现。

那么，企业以及管理者为实现人和事的动态匹配，在强化组织能力的过程中要做哪些工作呢？

如图4-4所示，企业以及管理要做好同化、教化以及进化这三件事，简称组织三化。

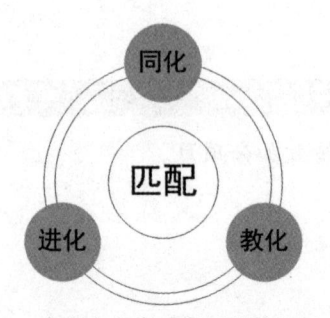

图4-4 实现人和事动态匹配的组织三化

同化主要解决行为准则匹配，教化主要解决绩效达标，而进化最终要解决的是人与事的持续性的动态匹配。我们将在下面详细讲解组织三化。

同化：来自组织文化的力量

组织文化这个词，管理者并不陌生。组织文化在内容上主要分为精神层、制度层和物质层，如图 4-5 所示。

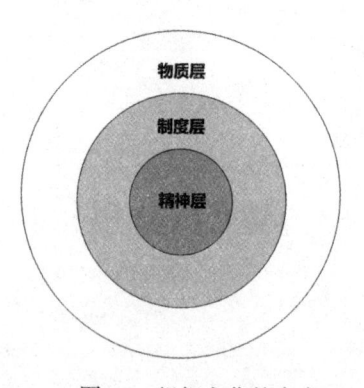

图4-5　组织文化的内容

最先让人直观感受到的组织文化是最外层的物质层，物质层的组织文化主要包括：工作环境、装修风格、产品的结构、外表、特色、包装、企业内部设备设施、娱乐休闲场所与环境，还体现在企业 LOGO、员工工作服以及宣传品方面。

制度层的组织文化主要包括：企业的基本制度、员工行为规范、管理机制（牵引机制、约束机制、激励机制、竞争与淘汰机制）、管理模式、组织架构、员工行为、内部语言以及文体活动。

精神层作为组织文化中最核心的部分主要包括企业的使命、愿景和价值观。什么是使命呢？简单理解就是组织存在的最终理由，就是企业为什么而存在的。愿景是企业对未来一段时间的设想，就是企业要发展到什么状态。价值观之前讲过了，是企业以及企业内所有人的行为准则。

以下是国内几家知名企业的使命和愿景，如表4-5所示：

表4-5　国内几家知名企业的使命和愿景

企业	使命	愿景
阿里巴巴	让天下没有难做的生意	成为一家活102年的好公司；到2036年，服务20亿消费者，创造1亿个就业机会，帮助1000万家中小企业盈利
百度	用科技让复杂的世界更简单	成为最懂用户，并能帮助人们成长的全球顶级高科技公司
字节跳动	激发创造，丰富生活	建设"全球创作与交流平台"
小米	始终坚持做"感动人心、价格厚道"的好产品，让全球每个人都能享受科技带来的美好生活	和用户交朋友，做用户心中最酷的公司

在了解完组织文化的基本知识后，大多数人会有什么想法呢？从实际上看，一提到组织文化、企业文化或是团队文化，总会有些人些要问，文化有什么用？

中国人受农耕文化影响较深，历来强调实用主义。比如"学习致用""书到用时方恨少""物尽其用""学非所用""大材小用"，等等，还有"科技"这个词，科学和技术本来是两个词，科学解决理论问题，技术解决实际问题，在中国，我们毫无违和地把这两个词结合在一起了，最终还是要看能不能解决什么问题，这种认知就导致我们在技术应用方面很强大，但在理论研究方面还有很大的差距。这里面的"用"字更多是与改造客观世界有关。

基于上述对"用"字的理解，组织文化有什么用吗？答案是：确实是没用的。组织文化并不能直接帮助组织产生经济收益，而且在其建立、传播以及强化的过程中还需要投入大量的人力、财力、物力以及时间成本。所以，很多员工包括一些管理者一听说要搞企业文化，内心中是无比的抗拒，他们可能会想，搞这些文化有什么用？浪费时间在那里喊口号，还不如每人多发1000块钱来得实在，你看多给1000块钱大家愿意不愿意？组织文化是有用的，只不过这个"用"字不是单纯地指改造客观世界，而是解决精神世界的问题。地震废墟中的母亲为什么会选择保护孩子而牺牲自己？一个员工屡次拜访客户都遭到拒绝，是什么力量让他选择屡败屡战？一个企业不得不面对诚信和经济利益的取舍时会依据什么做出选择？

管理学的背后是组织行为学，行为学的背后是心理学，心理学的背后是哲学。哲学是我们对世界总的看法，哲学将进一步影响我们的思维模式与判断，而思维模式与判断又属于心理学的范畴。心理学从来不是研究心的学科，心理学实际上研究的是脑科学，因为思维、判断都是由大脑完成的，更直接一点说心理学是研究脑神经的，通过对大脑神经的研究来搞清楚人类的行为。

组织文化可以解决组织哲学的问题，进而影响组织中个体的思维模式，最终影响其行为选择。所以说，组织文化最根本的作用就是影响人的选择。那么这种文化在什么时候最起作用呢？自然是在关键时刻发挥作用。比如销售人员遇到挫折时，企业遇到生存危机时。对于管理者而言也有员工工作出错时、个人利益与组织利益相冲突时、多个方案需要抉择时……

在一个组织中，其最大利益就是达成使命，实现愿景，组织的一切活动都将以此为中心。俗话说"养兵千日，用兵一时"，组织如何保证个体在关键时刻能做出符合组织利益的选择呢？要保证员工做到这一点，在明确组织使命和愿景的同时，还需要明确组织的价值观。价值观的本质就是人们对一些事物的重要性的排序。价值观是组织提倡什么，反对什么的行为准则。

以价值观为例，现在，回头再来看组织文化的三个层次。精神层作为核心负责告诉组织内所有人这个组织提倡什么反对什么，比如组织的价值观中提倡简单；制度层则通过相关机制来进行有效的支撑，比如组织结构从纵深到扁平，简化了工作流程，减少审批环节，这些都属于在制度层面支撑精神层所提倡的简单。在物质层，公司引入了强大的OA操作系统，用大数据和人工智能来处理烦琐的日常工作，这是这个价值观最直观的表现。组织所做的这一切都是要追求简单，组织也在通过各种形式来影响员工，让员工以简单的价值观为准则开展各项工作。

我们用同化这个词来表达组织运用文化的力量来影响人这个过程，使其在行为准则方面实现人与岗的匹配。之所以用同化这个词，是因为影响的过程不是瞬间实现的，对于绝大多数企业和员工而言，这是一个缓慢的进程。

柳传志先生掌舵联想时，用了"入模子"这个非常形象的词汇来说明这个过程。"入模子"是指员工进入联想时必须先进入联想的"模子"里，塑造成联想的理论、目标、精神、情操、行为所要求的形状。

再回到"用"的方面，也就是组织文化要如何建设呢？

企业的使命和愿景一般来自创始人团队对自身的定位和对未来的判断，我们在这里无法揣测或描述。但如何提炼价值观，以及如何推动企业文化是有套路的。

先来看如何提炼企业价值观。

企业价值观的提炼方法主要有三种，第一种是基于过去的成功经验法，第二种是基于未来的要因促动法，第三种是结合上述两种方法的综合因素法了。

在使用第一种方法时，需要企业核心管理团队做如下工作：

1. 找到对企业成长有较大影响的关键事件；

2. 深入分析每一个关键事件背后的出发点是什么；

3. 将其中的原则转化为一句话或一个词；

4. 对总结提炼出的话语或词语进行汇总，形成初步的核心价值观；

5. 用事实来验证上述话语或词语，为其找到更多的证据；

6. 再次审议初步价值观，形成最终的核心价值观。

制造业H公司在使用成功经验法提炼核心价值观时，召开了多次座谈会，由公司的老员工和创始团队讲述多年来公司发生的重要事件和重大选择。有多人都讲到了公司在几次市场变化期所遇到的重大挑战和典型事件，如果不是公司一直不断地进行技术升级，很可能就被竞争对手超越甚至被市场淘汰。那是什么让公司不断地进行技术升级呢？在座谈会上大家得出的结论是：永远不要停止学习。接下来，大家又发现很多关于持续学习的事件，最后"永远不要停止学习"被列为该公司核心价值观之一。

第二种是基于未来的要因促动法，在操作上和第一种是类似的，只不过讨论的重点要放在未来上。具体操作步骤如下：

1. 探讨什么样的原则或行为可以帮助企业赢得未来，实现企业愿景；

2. 将讨论的行为提炼为一句话或一个词；

3. 对总结提炼出的话语或词语进行汇总，形成初步的核心价值观；

4. 用公司既往历史来验证上述话语或词语，看是否存在重大的矛盾冲突，如果有重大冲突，则意味着企业要发生重大变革，企业需要慎重做决定；

5. 再次审议初步价值观，形成最终的核心价值观。

制造业H公司也运用了第二种要因促动法提炼价值观。这一次的座谈会将会址选在一个度假村里，只有公司高管参加。讨论的主题只有一个：什么样的原则或行为可以帮助企业实现十年后的愿景目标。经过激烈的讨论,"永远追求零缺陷""产品等于人品"最终被确定为公司的核心价值观。

H公司最终核心价值观的提炼分别运用了成功经验法和要因促动法,这两种方法的结合就是综合因素法了。

各公司可根据自身的实际情况来选择具体的价值观提炼方法。但需要注意的是,组织文化的落地过程才是最难的。在实践过程中,我们发现组织文化落地主要存在以下两个问题:想法好落地难、口号多行动少。

要解决上面两个问题,要做好以下三个方面的工作。首先要做好组织文化的外化释义工作,就是对组织文化的话语或词语进行解释说明,使组织中的所有人员能够对组织核心价值观有基本了解,知道什么是价值观,价值观有哪些,这些价值观要表达什么。我们继续以H公司部分的核心价值观为例进行说明。

核心价值观:永远不要停止学习

释义:

持续学习是企业可持续健康发展的基础,学历代表过去,能力代表现在,只有持续地学习才能赢得未来。我们强调比竞争对手学得更快、更好,倡导主动学习、全员学习、终身学习、全过程学习、团队学习;同时,我们还倡导向优秀企业学习,向竞争对手学习,也从我们所犯的错误中学习。

逆水行舟,不进则退,没有进步,就是退步。不能及时提升自己,我们就会失去和竞争对手同台竞争的资格。公司将致力于营造工作加学习的氛围,鼓励每一名员工通过学习持续自我更新,不断超越。通过永不停止的学习,使个人更立远志,团队更具远识,企业更展远景。

学习的结果是应用知识,我们反对无目的的学习,反对为了学习而学习,在学习之后,我们要更好地应用所学到的理念、知识和技术,应用到我们的管理创新、经营创新、技术创新、生产创新等方面上。

核心价值观:永远追求零缺陷

释义：

产品零缺陷要求我们从开始就正确地、高标准地进行工作，在工艺、技术、采购、生产、质量和物流等整个环节严格把关。

公司生产的任何产品都具有预先设定的质量标准，"零缺陷"的质量理念要求所有产品必须完全合乎标准，标准不允许打一分一毫的折扣，在质量管理上要有一套科学、严格的质量保证体系，在执行中要求我们要严格、严格、再严格。要实现我们对质量的追求，必须坚持高精严细的质量准则，加强对工艺的研究、提高工作标准、细化质量管理，不断进行创新。

在进行了外化释义以后，就要进行第二步的宣贯了。

如果没有优秀人物、故事或是事迹做支撑做注解，组织的价值观就会变成口号。所以，传播组织文化、宣贯核心价值观最好的方式就是讲故事。讲企业中真实发生的、在员工身边的真人真事。

第三步就是运用行为塑造的相关方法对员工行为进行强化，解决具体行为的问题。

综上所述外化释义解决了知道的问题，讲故事解决了理解和认同的问题，行为塑造解决了具体行动的问题。

整体来看组织的同化工作，管理者还需要开展"四个一"工程。

首先，是一位领头羊。

领头羊就是指组织的领导核心，组织中不能没有核心。组织必须要塑造领导的核心地位，只有有了核心，才可能有向心力。一个团队有两个领导核心，或者说有两种力量不相上下，而且主张还完全相反，那么这个组织一定是要出大问题的。

其次，是一个老地方。

老地方是担负着组织内部交流、活动、解决问题、增进感情、总结反思等重任的场所。这个老地方有可能是某个饭店、某个酒吧，甚至是某个路边的烧烤摊。老地方在组织庆祝成功、面对挑战、遭遇挫折时都能够发挥重要的作用。如果团队中的两个人闹矛盾了，当他们一起来到老地方时，火气大概率消掉一半。所以，管理者要善于去营造一个这样的老地方，在此交流情感，回望初心，展望未来。

第三，是一本指导书。

这本指导书就是企业文化手册。用文本或小册子的形式，将组织的使命、愿景和价值观告知组织中所有成员。在华为，这本指导书叫《华为基本法》。《华为基本法》历时数年，于1998年3月正式审议通过，其内容一万七千多字，共六大章，一百零三条。我们摘录其中关于价值创造与分配方面的部分条款，以便大家学习和参考。

《华为基本法》第十六条 我们认为，劳动、知识、企业家和资本创造了公司的全部价值。

第十七条 我们是用转化为资本这种形式，使劳动、知识以及企业家的管理和风险的累积贡献得到体现和报偿；利用股权的安排，形成公司的中坚力量和保持对公司的有效控制，使公司可持续成长。知识资本化与适应技术和社会变化的有活力的产权制度，是我们不断探索的方向。我们实行员工持股制度。一方面，普惠认同华为的模范员工，结成公司与员工的利益与命运共同体。另一方面，将不断地使最有责任心与才能的人进入公司的中坚层。

第十八条 华为可分配的价值，主要为组织权力和经济利益；其分配形式是：机会、职权、工资、奖金、安全退休金、医疗保障、股权、红利，以及其他人事待遇。我们实行按劳分配与按资分配相结合的分配方式。

第十九条 效率优先，兼顾公平，可持续发展，是我们价值分配的基本原则。按劳分配的依据是：能力、责任、贡献和工作态度。按劳分配要充分拉开差距，分配曲线要保持连续和不出现拐点。股权分配的依据是：可持续性贡献、突出才能、品德和所承担的风险。股权分配要向核心层和中坚层倾斜，股权结构要保持动态合理性。按劳分配与按资分配的比例要适当，分配数量和分配比例的增减应以公司的可持续发展为原则。

《华为基本法》最大作用是让组织核心决策的管理思想能够落地，使组织成员能够看得见、看得清、摸得着、拿得到。这就是一本指导书所起到的重要作用。

第四，是一群教导员。

有了指导书，还离不开具体的教导员进行传、帮、带的工作。中车株洲电力机车有限公司于2020年开启了企业文化落地项目，在全公司推行企业文化。讲解企业文化只靠企业高层是不够的，高层的工作特点决定了他们不能经常与多数员工在一起，因此，就需要更多基层人员的参与。

为了更好地落实企业文化，使公司的使命、愿景和价值观能装进员工的脑子里、落到员工的行为上，公司特别招募了百余位企业文化导师，这些导师来自公司内各个部门，有后勤、有生产、有技术；从职级上看，不仅有基层干部，还有一线员工。经过系统、专业地培训，百余位企业文化导师成功上岗，他们将在日常的工作中传播组织文化，用自己的力量影响着他人的行为。组织中有一群教导员也是我们推荐培养企业内训师团队的初衷。

教化：来自非职权影响的力量

同化更多指的是组织文化对人的影响，在员工实现绩效目标的过程中，也离不开其直接上级对他的影响。直接上级对下属的影响主要分为职权性影响和非职权性影响两种，如图4-6所示。

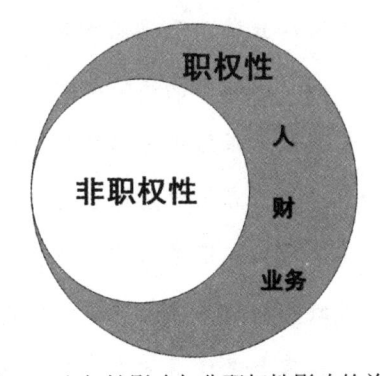

图4-6　职权性影响与非职权性影响的关系

职权主要包括人事方面的奖惩权、任免权和调动权；财务方面的审批权以及业务方面的处置权。这些权力都来自组织所赋予的权力，我们称之为法定权，也就是处在这个位置就会自然获得这些权力，运用这些权力来影响下属就是职权性影响。

在管理者影响下属的过程中，上述的职权性影响起到的作用有多大呢？换一个问题，人们为什么会有信心地跟随一个人并执行他的指示呢？这就离不开管理者非职权性的影响力了。我们把这种上级对下级的来自非职权性的影响称为教化。

非职权性影响的前提是信任。信任能够解决两大问题，一是行动以及交换的基础，没有信任一切都是空谈。在《时间简史》这本书中，以色列学者赫拉利写道："如果没有信任，就不可能贸易，而要相信陌生人又是一件很困难的事。"在古老的部族社会，如果两个部族间要进行交易，往往要靠双方共同敬畏的图腾或是神明，其实，他们相信的并不是对方，而是双方共同认可的那个图腾或是神明，他们相信，如果有人违约了，那么这个图腾或是神明会用不可战胜的力量去惩罚那个违约失信的人。

信任能够解决的第二个问题是提升效率。

地铁口附近有个早餐店，与其说是一家店不如说是一个早餐售卖窗口，这里只经营两种商品，油条和豆浆，不提供堂食，只有外卖。这家早餐店只有老板娘一个人，一个人可以在早高峰解决打豆浆、炸油条、包装和收款等繁杂工作吗？答案是这家老板娘是可以的。她把豆浆提前打包好，油条炸好后就放在旁边的架子上，客人要几根也是自己取，如果有不方便自己取用的顾客，老板娘再来完成，很多工作都是由顾客自己来完成，包括付款。窗口外有一个大号鞋盒，里面有面值不等的现金，外面还贴着微信和支付宝的收款二维码，顾客都是凭自觉自己付钱和找零钱。这一切看上去，还挺井然有序的。

我问过老板娘，钱会不会少？老板娘说："我相信他们，这世界还是好人多的！这些年我这个小店一直都是这样的，顾客们都知道的，以前现金支付的多，也没觉得少钱，现在基本上都是扫码支付，这一年里，偶尔有发现钱给少的情况，那还有多给的时候呢，差个小数点的事也不少，我还得想办法把钱给退回去呢。"

我又问她："你选择相信顾客的最大好处是什么呢？"

她很直接地回答："省钱啊！要不我一个人怎么可能忙得过来呢？哈哈哈！"

从她爽朗的笑声中，我们可以发现，当信任出现时，效率就提升了，效率提升的同时，成本也开始下降，因此可以创造出更高的利润。这一点，适用于这个早餐店，也同样适用于各类组织。

有一位古罗马历史学家叫塔西佗，他曾经对当时的罗马皇帝说："一旦皇帝成了人们憎恨的对象，不论他做好事还是坏事，都只会引起人们对他的憎恶。"后来，这句话就演变成为"塔西佗陷阱"。指的是当一个国家的公权力失去了公信力，不论这个国家接下来做好事、做坏事，说好话、说坏话，老百姓只会认为全是在做坏事、说坏话。

如果在你的团队中，决策者和管理者认为绩效考核的目的是奖勤罚懒，而员工却认为是变相扣工资；决策者和管理者说要公平公开地评选优秀员工，而员工却认为早都内定了或是轮流坐庄，搞这种形式上的评选没什么意义。如果在组织中出现类似上述的现象，那么可以肯定的是，这个组织已经有了"塔西佗陷阱"。此时组织想推行某项工作或政策，最后都是很难成功的。

那么，要如何建立信任呢？

如图4-7所示，信任主要来自两大方面。

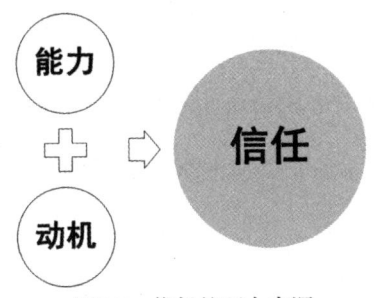

图4-7 信任的两大来源

能力和动机，这两个要素缺一不可，相辅相成。只有将能力和动机这两个要素结合在一起，才可以更好地产生信任。那么，如何建立基于能力和动机的信任呢？

首先，建立基于能力的信任。

基于能力的信任主要来自绩效方面的历史成绩。如果一名管理者能够带领团队披荆斩棘，用他的方法能够战胜一个又一个困难，下属跟着这位领导成长了、提升了、赚到钱了，那么，这种基于能力的信任就建立起来了。这样也就可以解释我们日常中为什么总会有人说：某某专家说、某某成功人士说……因为这些人有足够的证据或是绩效可以证明他们的能力是没有问题的，是足以让人相信的。

基于能力的信任还是比较好建立的，可以用绩效成绩代表。但基于动机的信任就没那么简单了。建立基于动机的信任主要有如下四种方式，如图4-8所示。

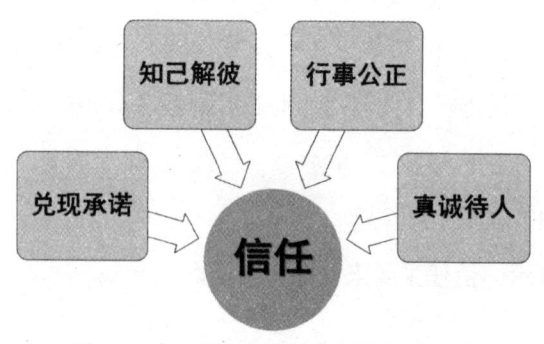

图4-8 建立基于动机的信任的四种方式

兑现承诺很好理解，中国自古有句老话：好借好还，再借不难。这句话的背后就是在讲信守承诺，答应的事都能够做到，自然会让人容易信任，反之，就会失去民心。

公元前363年，商鞅受秦孝公的委托负责国内改革的推进工作，他怕老百姓不信任这些改革措施，就叫人在南城门立了一根木头，并下命令说，谁能把这根木头扛到北城门去，就赏重金。老百姓一下子围了上来，但却没有人行动，他们认为做这么容易的事就给很多钱，一定是骗人的。哪怕商鞅又将赏金提高了许多，也没有人去扛这根木头。又过去了许久，终于有个青年人站了出来，把这根木头扛到了北城门。商鞅随即将重金赏给了那个青年人。这件事很快就传遍了秦国，并引起了轰动。老百姓都说商鞅的命令不含糊，说到做到。商鞅的变法也就在这样的基础上，得以顺利地开展，最终帮助秦国强大起来。这就是商鞅南门立木的历史典故。

安徽一家企业为激励员工在年初公布了当年的奖励计划，如果到当年9月份能够提前完成当年经营目标，公司将组织全员"东南亚七日游"。这一奖励计划让全体员工摩拳擦掌，结合当年的市场形势，大家都觉得能够提前完成年度指标。结果在8月份就完成了全年指标，正当大家期待着全员"东南亚七日游"时，公司决策层却因当年运营成本增加以及全员旅游费用过高的问题，没有兑现承诺，只挑选了20名优秀员工组织了"东南亚七日游"。这样的操作带来的直接后果就是去的人不是很开心，没去的人更不开心，员工对公司的意见非常大。自此之后，员工对于公司出台的奖励计划等相关政策就不再那么积极了。

承诺的关键不在于言，而在于行，也就是能否兑现。很多时候员工就是通过观察公司是如何兑现承诺来描绘出公司在心里的形象。这也和个人在银行中的信用值是一个道理，良好的信用记录可以帮助人得到更多的支持。

知己解彼主要是指管理者与下属之间要建立一种共通。正如乔·哈里窗所揭示的道理一样，人和人之间的沟通主要有四个区域。分别是你知我知的公开区，你知我不知的隐藏区，你知我不知的盲区，以及你不知我也不知的封闭区，如图4-9所示。

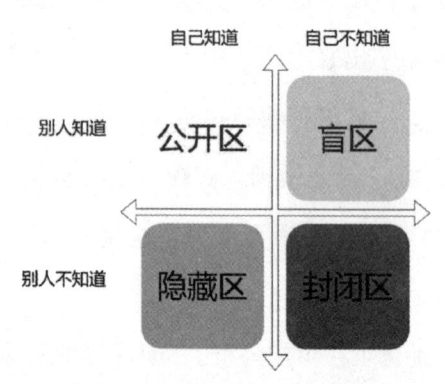

图4-9　乔·哈里窗所揭示的人和人之间的四个沟通区域

如果双方都处在你不知我也不知的封闭区，那么，双方的沟通就会成为一种"尬聊"，没有什么实质意义。在隐藏区和盲区中都有一方在隐藏着自己，或是没有清楚地表达自己的意图，造成对方的不解，这对于建立共识是没有什么帮助的。而你知我知的公开区则是双方真正可以达成共识的区域。那么，如何建立双方的公开区呢？

首先要主动走向员工，最简单的做法是每天中午与不同的员工一起吃饭，和他们聊天，当然，目的不是让他们认同你，而是让他们了解你。

其次，行事公正。管理者行事公正，很自然地就会得到更多的信任。管理者为做好公正，最基本的是在事先就确定好规则、进行公开以及严格执行。先声明的是规则、规矩，出问题后再进行说明，那只能叫做解释，无论事后怎样的解释都会造成来自情感或利益方面的伤害。

最后来看真诚待人。评价真诚的维度主要由数量和时间来构成。

有位公司的老板平时比较强势，对下属更多的是命令，他认为简单、直接的方式才是效率最高的方式。后来，他发现用以往的方法来带新团队效果不好了，于是他想尝试要多一些真诚的关心，真正聆听一下下属的声音。在开会讨论问题时，他告诉下属们，以往讨论方案都是他来讲，下属完全执行，这次，他欢迎每位员工都能提出自己的工作设想，他将采纳大家的意见或建议。可是，下属的反应并不如他的预期，反而都闭口不言。最后，他只好说，既然大家没提出什么方案，为了完成相关工作，还是按他的方案来。这位老板不知道的是，当他对大家说想听大家意见的时候，他的员工们心里在想：老板怎么太阳从西边出来了？还是别吭声了，老板心里不一定是怎么想的呢，还是听话照做最安全。当老板忍不住提出自己的方案时，员工们都在庆幸，幸好自己没提建议，看，最后不还是按老板的意见做吗？！

真诚不是偶尔的行为，而应该成为一种习惯。上面的老板应该在以后一直鼓励员工参与，不要放弃，时间长了，下属员工自然能够发现老板是真诚地希望得到他们的意见和建议。

思考与练习

管理者可以做哪些行动来获得下属的信任？

在拥有了信任这一前提后，管理者就可以运用非职权性的影响来对员工进行教化了。

管理者在运用非职权性影响的时候主要通过三种主要方式，如图4-10所示。

非职权影响的三种主要方式

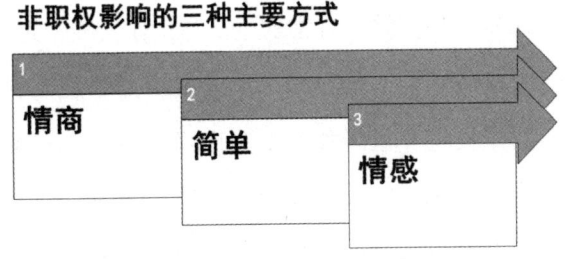

1. 情商
2. 简单
3. 情感

图4-10 非职权性影响的三种主要方式

情商的本质就是在一定环境下对情绪控制的能力，是影响力的一种外在表现。为什么情商这么重要呢？在心理学领域里，有一个观点说，情绪是有记忆功能的。

试想一下，你每次倒霉的时候、心情不好的时候，张三都会第一时间来到你的面前，注意，是每次！这种事情发生的次数多了，以后，当你见到张三时，什么情绪会出现呢？你每次开心时、快乐时，李四都第一时间出现在你的面前，时间长了，次数多了，再见到李四时，什么情绪会出现呢？

所以，管理者们，你们希望你的下属见到你时会出现什么情绪呢？

简单是领导者做事的鲜明特征，特别是运用非职权影响力的领导者，他们在提出目标时、工作解读等日常管理中都可以做到化繁为简。简单可以让人更容易理解和接受，从而让更大范围的人受到影响。

简单会让管理者的影响力加速发挥并形成自传播。因此，管理者在提出主张、目标和相关号召时，在向他人施加影响时要多用简单的方法、通俗的语言，这样才会被广大员工称为"接地气"。比如大家耳熟能详的"幸福是奋斗出来的"以及"撸起袖子加油干"都是最简单最纯朴的话语，这些话语反而更能打动人心。

非职权性影响最后一种方式是情感。

中国是一个典型的人际关系社会，南京大学翟学伟教授在其著作《中国人行动的逻辑》一书中指出，中国人际关系的基本模式是人缘、人伦和人情，如图4-11所示。我们结合日常的生活与工作实践来进行解读。

中国人讲的缘分通常指的是血缘，血缘主要指的是人和人之间的心理距离。中国人特别擅长将非血缘关系变为血缘关系。比如我们形容一些地方官员对当地百姓特别好，会称其为"父母官"。同属一个集团的下属公司之间会相互称"兄弟单位"。父母、兄弟这两个词语都是在描绘血缘关系。在办公室时，同事们相互间的称呼通常是张经理、李主任，私下的非正式场合，同事们往往会用"张哥""李姐"这样的称呼来接近彼此间的心理距离。

中国典型人际关系的基本模式

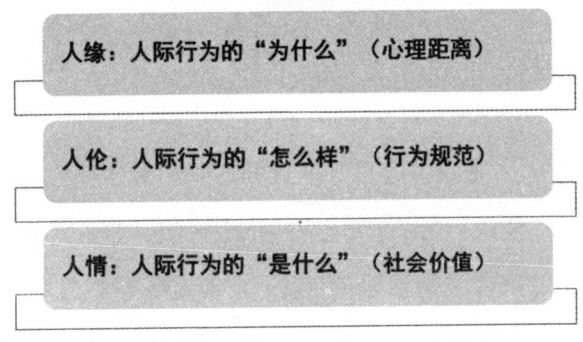

- 人缘：人际行为的"为什么"（心理距离）
- 人伦：人际行为的"怎么样"（行为规范）
- 人情：人际行为的"是什么"（社会价值）

图4-11　中国典型人际关系的基本模式

即使有时候不是很方便直接建立这种"血缘"关系，人们也会通过其他途径来建立缘分。比如单位中来了新员工，或者刚结交某个人，双方谈话中的前五句中大概率会问这样一个问题：你老家是哪里的？不论对方的老家是哪里的，只要有人能够问出这个问题，都能建立起缘分来。

"我老家四川的。"

"哎呀，我姐夫就是四川宜宾的！"

"我老家是沈阳的。"

"我家是哈尔滨的，咱们都是东北老乡！"

"我老家是南京的。"

"我在南京上的大学，咱们算半个老乡。"

"我家是新疆石河子的。"

石河子？没听过？不知道在哪里？没关系，这时候很可能会说："新疆是个好地方，我前年去过乌鲁木齐……"

这就是缘分的力量。同乡、同学、同事，总之共同的经历都可以成为接近心理距离的力量。

如果团队中所有成员情感深厚，很多工作也会变得简单。张经理对团队成员说，公司给我们部门下达了一个很艰难的目标，没等他说完，团队成员就会有人说："张哥，你放心，兄弟们一定会全力以赴的，绝不会让你在其他部门面前抬不起头的，您就瞧好吧！"

如果团队中成员情感不深厚呢？很多工作也自然不好开展。张经理对团队成员说，公司给我们部门下达了一个很艰难的目标，没等他说完，下面就会有人抱怨这么高的目标是完不成的。张经理说我们今天开会就是要研究如何能完成，他说："你们谁能完成谁去完成，我是完成不了。"

所以，对于管理者或是领导者而言，一定要维护好人和人之间的情感，尤其是在组织资源相对匮乏的情况下，情感更能维系团队成员之间的关系。

为建立并维护好组织内部的情感，建议大家平时在工作中少讲些道理，不要赢了道理失去了情感，要在双方的情感账户中先多存一些情感。

进化：来自组织发展的力量

进化最终要解决的是人与事的持续性的动态匹配，这就表明进化既与人的成长相关又与事的成就相关，二者相辅相成。

先来看人的进化。人的进化主要分往前走和往高走两种，往前走是指效率的提升，比如原来一个月完成300万的业绩，现在可以完成600万的业绩了，虽然业绩提高了一倍，但是本质上还是在原有的单一工作范围内实现绩效，对组织的贡献是有局限性的。往高走是指维度、层次和级别上的提升，是通过增加多维度、多范围的工作对组织贡献价值。

往前走是管理者在培养能力方面所要做的工作，我们这里将重点讲解往高走的部分。

个人在组织中往高走通常分为专业与管理两大通道。其中，专业通道还可以根据组织内部分工而再细分为研发、技术、生产、采购、营销、服务、财务和人力资源等专业，每个通道由低至高又可以划分出五个等级，这种划分方法被称为五级双通道，如图4-12所示。

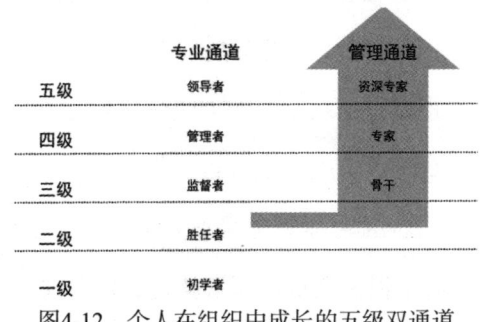

	专业通道	管理通道
五级	领导者	资深专家
四级	管理者	专家
三级	监督者	骨干
二级	胜任者	
一级	初学者	

图4-12 个人在组织中成长的五级双通道

从上图中可以看出，所有的成长进化都是从专业线开始的，也就是说，只有当员工成为业务骨干以后，才会获得向上进化的资格。

以技术部门的技术员为例，刚进入到公司时是一名初学者，此时还不能为组织创造多少价值，经过组织的培育、培养，达到完全的胜任以后，就可以考虑未来的进化方向了。这时，结合个人意愿与组织需要，他有两种选择，如果走专业通道可以逐步进化为助理工程师、工程师、高级工程师、技术专家及至资深专家。如果走管理通道可以逐步进化为主管、经理、资深经理、副总以及总经理。

当然，专业通道与管理通道也是互通的。当技术员成为工程师以后，也依然可以转岗为经理。同样，当他担任经理后发展遇到瓶颈时，也可以凭借其原有具备的技术等级再次转向专业发展通道。这种方法对解决企业管理团队新老交替也可以起到积极作用。

再看事的进化。

有职场新人在初涉职场之前，很多都会接收到亲朋好友的各种指导，告诉"小白"到职场后要学会察言观色，不要乱讲话，同样的话孔子也早就说过了。孔子曰："待于君子有三愆（qiān）：言未及之而言谓之躁，言及之而不言谓之隐，未见颜色而言谓之瞽（gǔ）。"

孔子的意思是说侍奉在君子旁边同他说话，要注意避免三个错误：话没到该说的时候说，这就急躁了；话到了该说的时候却不说，这就是隐瞒；不看人家脸色就贸然说话，这不是瞎吗！

孔夫子的话还是很好理解的，但问题的关键在于，人们真的不好掌握什么时候应该说，什么时候不应该说。古代师父教徒弟，讲究传功不传火，这其中的火候是最难的，因为师父也很难表达清楚，这就要靠徒弟自己领悟了，这个"悟"字对于很多老百姓而言就是去猜去蒙。

事的进化最终要解决的是过去团队中任何一个人吃过一堑，未来组织中所有人能够长一智，这就意味着事的进化关键在于如何将经验讲的明白，换句话说就是如何将经验转化为知识。

我们在为某商业银行培养内训师的过程中，运用了一些方法成功地将他们的一些基层很好的工作经验转化成了知识，以及具体的技能。

接下来，我们详细介绍一下具体的操作步骤。

第一步，从事件到经验

在这一步我们将收集在组织中已经发生过的、频率高的、具备典型性和代表性的事件，这些事件可以是成功解决问题的，也可以是失败失误的，由当事人将事件的经过进行描述。通篇不需要进行极其细致的描述，但事件的背景、经过、结果必须具备。

接下来由当事人提炼相关经验，如果是成功解决问题类的事件，需要提炼出成功的关键要素；如果是失败失误类事件，需要提炼出失败的关键原因，同时提出以后的改进办法。在完成经验提炼的3~7天后，最好是由当事人再提出一些自己认为更优的处理方法。

当上述工作都完成后，组织内部要成立由当事人、其直接上级、同岗位绩优者、流程衔接人共同组成的经验萃取工作小组，再次对该事件中提炼的相关经验进行论证，确认最终的经验，并形成文字性结果。

这一步是至关重要的一步，经验被准确地提炼出来后，才有可能被复制。

为帮助大家更好地进行应用，我们设计了相关的经验萃取表单，接下来，我们通过某商业银行一个成功解决问题类和一个失败失误类的案例来帮助大家了解和掌握，如表4-6、表4-7所示。

表4-6 成功解决问题类经验提炼表

编写人	陈某某	部门	支行市场部	岗位	个贷经理
事件名称	关注实际用款人风险		类似事件发生频率	√高 □中 □低	
事件经过	2019年2月支行接到一个江姓客户的贷款申请，客户主要经营婚纱摄影，为该婚纱摄影公司的法人。受理后，客户提供一整套的贷款资料，从相关资料初步观察，客户经营情况较好。支行进行了初期的准入并与客户互加微信保持联系。客户经理通过翻阅客户前期的微信状态发现客户在经营微商，并且似乎主要精力在从事该项目。随即客户经理感觉到客户可能贷款用途存在问题，带着疑问客户经理安排了上门调查，通过上门调查以及与法人面谈，客户经理发现该客户对于经营的婚纱摄影店具体情况不熟悉，很多问题由其公司会计、客户的妹妹代为回答。并告知客户经理主要业务目前由其妹妹负责，客户经理感觉到该公司的实际控制人应该为客户的妹妹，该笔贷款的实际用款人也应该是客户妹妹。客户经理随即让客户妹妹签署了征信查询书，要了解实际控制人的征信及财务情况，经过对于客户妹妹核查，发现其在他行有大量贷款，并且目前已经出现部分贷款欠息。支行遂拒绝了该笔贷款，后期发现该婚纱摄影店确实经营惨淡，并且于不久后关门歇业				
成功的关键要素提炼	1.由日常细微之处发现贷款可能存在的问题 2.对于存在的疑问进行进一步发掘 3.抓住重点风险及时排查				
更优方法设想	暂无				

表4-7 失败失误问题类经验提炼表

编写人	徐某某	部门	某支行	岗位	个贷经理
案例名称	全面调查的重要性		类似事件发生频率	□高 √中 □低	
事件经过	我市一家连锁超市法人代表申请贷款170万，贷款用途主要是扩大连锁超市的规模。在贷款调查过程中，发现客户经营实体经营良好，不存在如此大的资金缺口，通过多方了解，发现客户经营收入投入安庆怀宁铜矿开发，事实上此项投资回报率较高，同时其他客户经理也调查了铜矿开发现场，铜矿开发正常，遂发放此笔贷款。在贷后调查过程中发现借款人他行贷款发生逾期。面谈借款人发现铜矿开发被叫停。因矿体开采项目建成后，配套建设的环保设施未经验收，导致前期投入无法正常回收，他行贷款出现逾期。后续我行贷款存在极大风险				

续表

编写人	徐某某	部门	某支行	岗位	个贷经理
关键失败原因提炼	1.客户经理未做到全面了解客户投资方向，以及未能掌握特殊行业的最新环保政策 2.客户经理主观性认为经营实体为当地知名企业，发放贷款风险较低 3.应提高对客户进行贷后检查的频率，时刻把控客户当前的还款能力					
改善方法提炼	1.多与客户沟通，了解其他投资情况 2.调查人在进行贷前调查时要尽可能地排除主观意识因素 3.除了需要进行现场调查还需要把控各行业的特殊性政策				
更优方法设想	1.无论经营实体的资质优劣，都需要进行全面的贷前调查 2.对于客户多向投资时，需要把控多方的风险点				

第二步，从经验到知识

这家商业银行发现上述关于成功和失败的经验都涉及贷前调查工作。于是，经验萃取工作小组结合国家政策、法规以及他们的工作实践，将贷前调查工作的相关细节落实到了一张表格上，取名"贷前调查十八看"。在这份表格中详细列举了需要了解的十八个重要事项，包括查阅贷款人的微信朋友圈、访谈邻居和主要投资等。个贷经理在受理相关贷款业务时，按"贷前调查十八看"的内容逐项了解，比如主要投资情况，客户可以没有，但个贷经理不能不去了解。

这家商业银行在厅堂营销方面也总结出了很多实用经验，并且将这些经验进行了知识化的转化，比如在《厅堂营销"三个一"工程》中，萃取的"三个一"工程经验是高净值客户必须开口营销一次、个贷用户必须被转介绍一次、大额往来用户一周内必须回访一次。并将这"三个人"所对应的具体流程、负责人和话术进行了系统整理，形成了类似于SOP（Standard Operating Procedure，标准作业程序）的知识，使得人人可以看得懂，人人可以学得会。

第三步，从知识到技能

这一步的应用就简单了很多，大家只要运用前文培养能力中所提到的强化训练法、工作指导法和综合培养法就可以了。

第四步，从技能到应用

这一步主要是在实际工作中检验经验、知识和技能的实际应用情况。此时可采用复盘的系统方法。关于具体复盘的流程、方法以及技巧已经有很多专业的书籍可以学习了，我们在此不再赘述。

第五步，从应用到创新

很多新流程、新方法的应用都会有固化、强化再优化的过程，再优化的过程就是在原有的基础上进行创新或是局部的微创新。创新最大的难点在于机会和试错，组织以及管理者是否给予下属创新的机会并允许其试错，成为创新成败的关键点。

> **思考与练习**
>
> 请参照上面化经验为知识的相关步骤，将本部门的某项关键经验提炼为可操作的相关知识。

在组织进化的过程中，人与事的进化相互影响，共同发生。人在实践中成长，事在人的总结中得以完善，借人成事、借事修人。

管理是一个系统性工程，单点发力很难解决复杂问题，组织很难突破绩效陷阱，就以本章节的进化为例，就涉及了事的调控、人的培养激励，这其中更离不开组织文化的鼓励与支持。所以，这就需要管理者花费一些时间和精力去研究自身的管理工作，做好"事""人"以及这二者的匹配工作，促成动态匹配就要做好同化、教化和进化工作，让组织绩效远离陷阱。

现实的情况是经营指标已经很重了，管理者哪里有时间和精力去研究并实践这些呢？只要你对未来有期待并希望收获更多，就需要现在付出更多。

本书的最后，把孔子曾说过的一句话送给各位力争上游的管理者。

子曰："不患无位，患所以立。"

这句话的意思是：不要去担心为什么当不了老总、为什么不能年薪百万，而是要去关注自己凭什么能当上老总，凭什么能年薪百万。

亲爱的管理者们，请把问"为什么"的时间花在"凭什么"上吧。如果您也认同这句话，那么可以将这句话和这本书分享给你周围的人。

D